KB269345

빛을 머금은 이야기

빛을 머금은 이야기

2012년 11월 23일 초판 1쇄 인쇄
2012년 11월 30일 초판 1쇄 발행

지은이 이문균
펴낸이 김영호
펴낸곳 도서출판 동연
기   획 정진용 편   집 박관수
디자인 전혜정 관   리 이영주

등   록 제1-1383호(1992. 6. 12)
주   소 서울시 마포구 망원동 472-11
전   화 (02)335-2630
전   송 (02)335-2640
이메일 s-0609@hanmail.net
홈페이지 www.y-media.co.kr



ISBN 978-89-6447-191-3  03200

# 빛을 머금은 이야기

이문균 지음

동연

일러두기

이 책에 인용된 성경구절들은 『개역개정』(대한성서공회)의 본문을 사용했다. 필요한 경우 『표준새번역』(대한성서공회), 『쉬운성경』(아가페출판사)을 인용했으며 이러한 경우에만 성경구절 옆에 출처를 표기했다.

누구든지

하나님의 이야기에 합류되면

칙칙했던 삶은

어느덧

빛으로 물든다


하나님의 빛 안에 있으면

우리 삶은

한 조각 한 조각이

빛을 머금은 이야기가 된다

빛에 노출된 그 순간의 나
사각 틀에 담겨있다

지금 내가 그때 나를 본다
거기 있는 내가 여기 있는 나를 본다

햇살 가득한 소년 안에
노을 물든 내가 있다

강물처럼 흘러가는 시간이 보인다


　수년 전 '평생 교육원'에서 시를 배운 적이 있습니다. 위의 글은 고등학교 시절 찍은 독사진을 보면서 써본 '사진'이란 제목의 시입니다.

　세월은 흘러 소년은 이제 노인이 되었고, 은퇴 후의 삶을 생각할 시간이 되었습니다.

　"그동안 신학을 공부했으니, 그것을 녹여내어 뭔가를 만들어 보자."

　"신앙과 삶에 도움이 되는 책을 써보자."

　이 책은 그런 저의 작은 소망이 맺은 첫 열매입니다.

저에게 인생이란 하나님과 함께 써나가는 이야기입니다. 제가 한 눈을 팔 때도 하나님은 한결같은 사랑으로 저와 함께 하셨습니다. 그래서 제 삶의 한 조각 한 조각은 비록 보잘것없지만 하나님의 구원 이야기 안에서 의미 있는 이야기가 되었습니다. 그것을 저는 아래와 같이 표현했습니다.

그리스도인이 된다는 것은 하나님의 구원 이야기에 들어섬으로, 우리가 써나가는 삶의 이야기가 하나님 안에서 더 좋은 이야기가 되는 것이다.

저는 평범하게 살아왔습니다. 그러나 저는 감히 제자신이 특별한 존재라고 생각합니다. 제가 잘났기 때문이 아니라 모든 사람이 특별하다는 의미에서 그렇다는 것입니다. 또 하나, 제 삶은 하나님의 구원 이야기에 속했다는 점에서 특별합니다. 하나님의 구원 이야기 속에 들어가면 누구나 특별한 사람이 되고, 그의 삶은 하나님 안에서 더 좋은 이야기가 될 수 있습니다.

이 책은 일종의 포스트모던 글쓰기입니다. 이렇게 말하자니 왠지 낯이 붉어지기도 하지만, 이 책은 인생에 관한 보편적인 이야기가 아니라는 점을 말하고 싶어 잠시 학자연해 보았습니다. 저는 이 책에서 '인생이란 하나님과 함께 써나가는 이야기'라는 저의 생각을 신학이나 철학을 동원하여 입증하거나 설명하려고 시도하지 않았습니다. 그냥 저의 생각과 삶을 펼쳐 보임으로써 단지 그것을 들려주고 싶었습니다.

인생은 이론이 아니라 바로 우리 자신입니다. 인생은 저와 여러분의 생각이고 행동입니다. 인생이 우리와 별도로 있는 것이 아닙니다. 누구의 인생도 인생이라고 하는 일반적인 개념에 우겨넣어서는 안 됩니다. 누구나 자신의 인생을 살아가고, 자신의 인생을 이야기할 수 있어야 합니다. 여러분 가운데 한 사람으로서 저는 이 책에서 저의 인생을 이야기했을 뿐입니다. 여러분 가운데 한 사람인 저의 평범한 이야기에서 하나님의 좋은 이야기를 들을 수 있다면 다행입니다. 제 이야기를 들음으로써 여러분도 자신의 인생에 대해서 새로운 시각을 갖게 되었으면 좋겠습니다.

사람은 하나의 개체이면서 동시에 타인과 더불어 살아가는 공동체적 인격입니다. 다시 말하자면 사람은 관계 속의 존재이며 공동체 속에서만 하나의 사람으로 살아갑니다. 그러므로 하나님과 함께 써나가는 저의 인생은 결코 저 혼자만의 이야기가 아닙니다. 저의 인생은 무수히 많은 사람들과 함께, 그들 속에서 이루어졌습니다. 그래서 저의 인생 이야기에는 가족과 주고받은 이야기가 들어있고, 성도들과 함께 나눈 말씀이 들어있으며, 학생들에게 들려준 이야기도 칼럼 형식으로 들어있습니다.

저의 인생 이야기에 함께해준 사람들을 생각할 때마다 감사와 기쁨이 넘쳐흐릅니다. 특히 제 삶의 이야기를 풍요롭게 해준 가족들을 축복합니다. 저를 가르쳐 주신 스승님께 깊이 감사드립니다. 언제나 힘이 되어 준 동료 교수들, 학생들, 나의 오랜 벗들 모두에게도 진심으로 고마움을 전합니다. 표지를 디자인을 해 주신 디자인 학과 사희민 교수의 사랑을 기억하고 감사드립니다. 제 삶의 이야 기를 예쁜 책에 담아준 동연 출판사 김영호 사장님, 그리고 정성을 기울여 아름다운 이야기책이 되게 해준 편집부 여러분 감사합니다.

2012년 10월

이문균

# 1장

# 창(窓)과 거울

창(窓)을 통해 세상을 본다.

좋은 책은 새로운 세상을 보여준다.

그런 글을 쓰고 싶다.

그런 사람을 만나고 싶다.

나 자신이 더 좋은 세상을 보여주는 창이 되고 싶다.


거울을 통해 자신을 본다.

좋은 책은 자신을 보게 한다.

그런 글을 쓰고 싶다.

그런 사람을 만나고 싶다.

나도 누군가에게 맑은 거울이 되고 싶다.

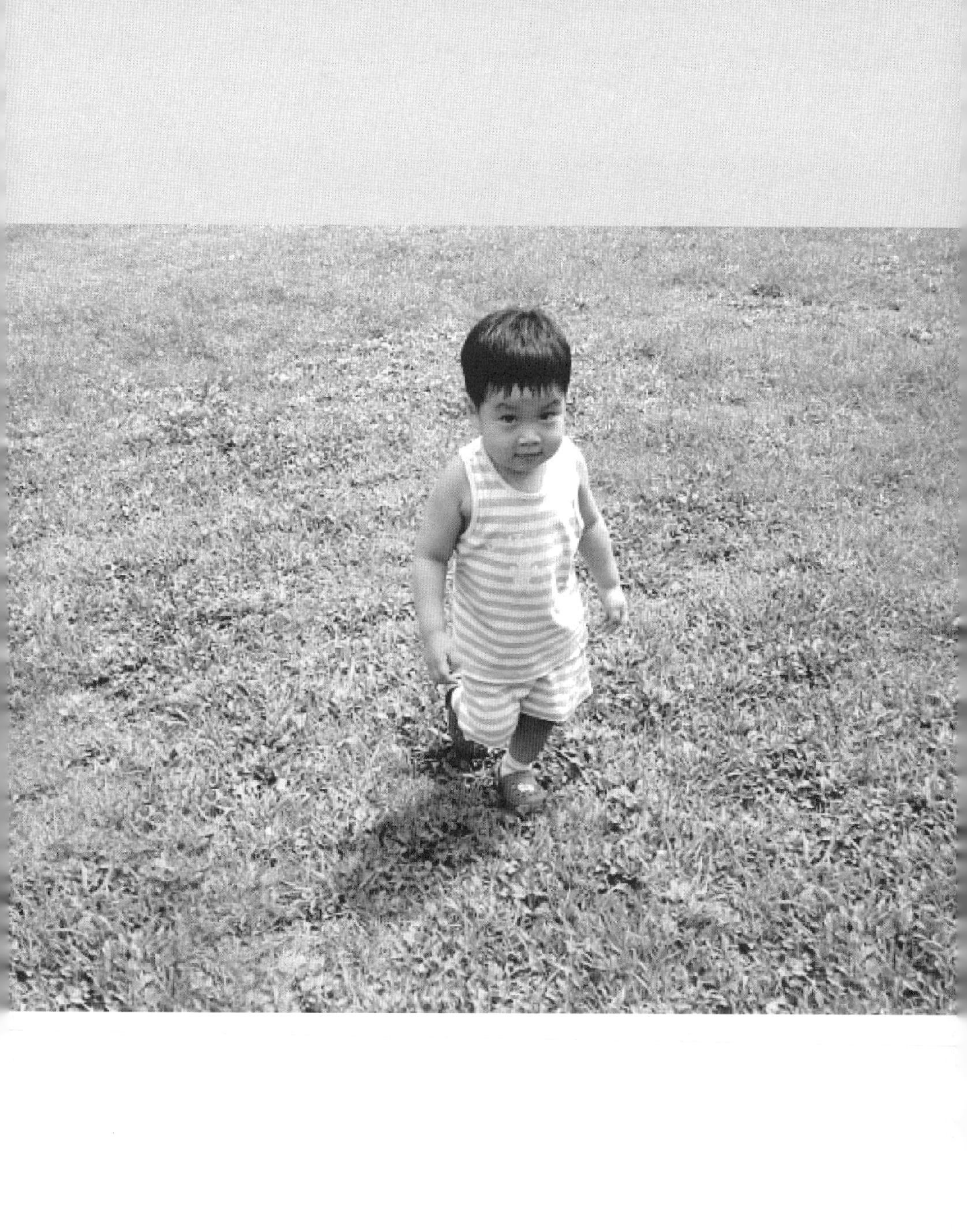

# 나에게 인생이란

삶에 대한 은유는 우리의 생각을 반영할 뿐 아니라 우리의 사고와 행동을 부추긴다. 그러므로 어떤 은유를 가지고 사느냐에 따라 그 사람의 인생이 달라진다. 은유를 통해 삶을 보는 눈과 태도가 달라지기 때문이다. 그래서 어떤 사람은 은유를 가리켜 "자기 달성 예언의 능력"이라고 불렀다.

'인생은 전쟁'이라고 생각하는 사람이 있다고 하자. 그는 앞으로 어떤 모습으로 살게 될까? 그 사람이 누군지 모를지라도 나는 그가 어떻게 살고 있는지, 어떻게 살아갈지 짐작할 수 있다. 왜냐하면 인생에 대한 그의 생각이 전쟁이란 은유에 오롯이 담겨 있기 때문이다. 전쟁에서는 승리 아니면 패배가 있을 뿐이다. 전쟁에 임하면 무슨 수단을 써서라도 이겨야 된다. 그러므로 인생을 전쟁으로 보는 사람은 오로지 승자만이 살아남을 수 있다는 생각에 사로잡혀 살아갈 것이다. 내편과 상대편을 가르고, 이길 수만 있다면 비열하고 더러운 행동도 주저하지 않을 것이다.

'인생은 마라톤'이라고 생각하는 사람도 있다. 그는 어떻게 살고 있을까? 어떤 마음가짐으로 살아갈까? 우리는 충분히 짐작할 수 있다. 그는 인생을 멀리 내다보면서 살고 있을 것이다. 목표를 이루기 위해서 충분히 준비할 것이다. 웬만한 어려움은 예상했다는 듯이 잘 참을 것이다. 또한 쉽게 실망하지 않을 것이다.

혹시 다음과 같이 말하는 사람이 있을까?

"인생이란 도박이다."

아마도 그렇게 말하는 사람들은 그다지 많지 않을 것이다. 그러나 비록 그렇게 말하지는 않더라도 마음속으로는 그렇게 생각하는 사람이 의외로 많다. 그런 사람은 노력하지 않는다. 어떻게 되겠지 하는 마음으로 요행을 바라며 산다. 준비 없이 무모하게 일을 벌인다. 일이 안 되면 운수 탓을 하고 다른 사람을 원망한다. 그의 삶에서 근면, 저축, 노력, 희생, 봉사, 인내는 찾아보기 힘들다.

얼마 전 『청춘을 디자인 하다』라는 책을 보았다. 속표지에 있는 다음과 같은 글이 내 눈길을 끌었다.

나에게 인생이란 ______이다.

빈 칸을 채워 보세요.

어떤 은유로 내 인생을 표현할까? 각자 빈 칸을 채워보라. 잠깐! 은유에는 미래를 결정하는 힘이 있으니 신중하게 생각하고 대답해야 한다. 나는 이렇게 써넣었다.

나에게 인생이란 하나님과 함께 써나가는 이야기다.

인생은 하나의 이야기다. 그런데 나에게 인생이란 혼자 쓰는 이야기가 아니다. 나에게 인생이란 하나님과 함께 엮어가는 이야기다. 때로는 내가 한눈을 팔아서 문제지만 그래도 하나님은 한결같은 사랑으로 나와 동행해 주신다. 나에게 인생이란 하나님의 은혜 가운데 살아가는 이야기다. 앞으로 하나님과 함께 써내려가는 나의 인생이란 이야기가 아름다운 이야기가 되었으면 좋겠다. 그리스도인이 된다는 것은 하나님과 함께 인생을 엮어 나가는 사람이 된다는 것이다. 전에는 하나님을 의식하지 않았고, 하나님과 상관없이 살았지만 그리스도인이 되면 그때부터 그의 인생은 하나님과 함께 써내려가는 이야기가 된다. 그리스도인이 된다는 것은 참으로 대단한 일인 것 같다.

# 창(窓)과 거울

자동차를 타고 출근하면서 라디오를 틀었다. 남편 때문에 속 터지는 주부가 보낸 편지를 진행자가 읽어주고 있다. 편지 내용은 대충 다음과 같다.

아내를 위해서 단 한 푼도 돈을 쓰지 않는 남편이 있었다. 아내는 그릇 하나도 마음대로 살 수 없는 자신의 처지가 비참하게 느껴졌고, 남편에게 돈을 달라고 할 때마다 자존심이 상하고 화가 치밀었다. 그러던 어느 날 상점에서 본 커피 잔이 마음에 들어 사고 싶었던 주부는 고심에 고심을 거듭하다 마침 다가온 결혼기념일을 내세워 선물로 커피 잔을 사달라고 했다. 마지못해 상점까지 따라간 남편은 아내가 커피 잔을 들어보이자 가격부터 물었다. 상점 점원이 5,000원이라고 하자 남편이 투덜댔다.

"길에서 사면 이런 커피 잔은 1,000원이면 살 수 있는데, 너무 비싸네."

아내는 창피해서 그 자리를 피하고 싶었지만 그래도 꾹 참고 서 있으니 남편은 할 수 없이 거금 5,000원을 지불하고 커피 잔을 사주었다.

　하이라이트는 그 다음이다. 편지를 보낸 주부는 청취자들에게 퀴즈를 냈다.

"결혼기념일인 그날 커피 잔을 사 갖고 나오면서 제가 남편의 손을 잡고 함께 집으로 왔을까요? 남편과 떨어져서 혼자 걸어 왔을까요?"
……
"남편을 두고 냅다 저 혼자 집으로 달려왔습니다.^^"

　학교에 도착해서도 그 이야기가 자꾸 생각나 빙글빙글 웃으며 연구실로 들어갔다.

　그 구두쇠 남편은 자신의 모습을 제대로 볼 수 없었다. 그는 돈의 소중함만 알았지 아내의 소중함은 알지 못했다. 커피 잔만 깨지기 쉬운 것이 아니라 아내의 마음도 깨지기 쉽다는 사실을 알지 못했다. 5,000원이란 돈으로 단지 깨지기 쉬운 커피 잔을 사는 것이 아니라 소중한 아내의 마음을 얻는 것임을 알지 못했다. 누가 그 남편의 눈을 뜨게 하여 자신과 세상을 바로 볼 수 있게 할 수 있을까?

　토마스 머튼은 자기의 글이 창문과 같은 글, 거울과 같은 글이 되었으면 좋겠다고 했다. 무슨 뜻으로 그런 말을 했을까? 창문이 세상을 보여주고, 거울이 자신의 모습을 보여주듯이 그런 글을 쓰고 싶다는 뜻이 아니었을까? 나는 정말 그런 글을 쓰고 싶다. 내 글이 삶을 향해 열린 하나의 창문이 되어 모든 사람들이 세상을 새롭게 보고, 자기 자신을 바로 볼 수 있게 되었으면 좋겠다. 한쪽만 보던 사람이 전체를 볼 수 있게 되었으면 좋겠다. TV에 펼쳐지는 세상이 전부가 아니며 또 다른 세상이 있음을 알게 하고 싶다. 세상 한가운데 하나님의 나라가 펼쳐지고 있음을 볼 수 있게 하였으면 좋겠다.

우리는 자기 모습을 보고 싶을 때 거울을 본다. 거울을 보면 자신의 흠도 보이고, 아름다운 모습도 보인다. 내 글이 그런 거울과 같았으면 좋겠다. 그래서 나 자신과 모든 사람이 자신의 흠을 발견하고 고칠 수 있었으면 좋겠다. 또한 스스로가 얼마나 귀하고 아름다운 존재인지를 깨닫고, 자신감을 회복하고 감사하는 마음으로 살아갈 수 있었으면 좋겠다.

# 내 눈을 열어 주십시오

시, 소설, 신학서적을 읽다가 잠시 책을 내려놓고 생각에 잠길 때가 있다. 내용에 공감했기 때문에 그럴 때도 있지만, 그 내용을 어쩌면 그토록 잘 표현할 수 있는지 지은이의 언어 감각, 그의 글 솜씨가 부러워서일 때도 있다. 나는 별로 부러운 사람이 없지만 말을 잘하는 사람은 부럽다. 그런데 글을 잘 쓰는 사람은 더 부럽다. 그래서 언제부터인가 나에게는 기도 제목이 하나 추가되었다.

주여! 언어의 아름다움과 능력을 경험하고 표현할 줄 알게 하소서

언어를 가지고 설교하고, 가르치며 살고 있기 때문에 그 소원은 나에게 특히 절실하다. 그러나 목사와 교수가 아니라도 모든 사람은 언어를 구사하며 살아간다. 우리는 죽을 때까지 말을 하며 살아간다. 그리고 기회 있는 대로 글을 쓴다. 그러므로 언어의 아름다움과 능력을 경험하고 잘 표현하는 것은 모든 사람이 가져야 할 소원이다. 어떻게 하면 언어의 아름다움과 능력을 경험하고 잘 표현할 수 있을까?

얼마 전 성경을 읽다가 깨달은 것이 있다. 그것은 언어를 잘 구사

하기 전에 먼저 나의 눈이 열려야 한다는 사실이다. 언어의 장인(匠人)이 되려면 먼저 눈이 열려야 한다. 그렇게 눈이 열려 하나님의 말씀이 주는 놀라운 힘과 아름다움과 지혜를 볼 수 있어야 한다. 읽고 있는 책 여기 저기 박혀 있는 보물을 볼 수 있어야 한다. 자연과 인생에서 아름다움을 보고 경탄할 수 있어야 한다.

그렇다. 좋은 글을 쓰려면 먼저 잘 보아야 한다. 보고 느끼고 경험해야 한다. 자신이 보지 못하고, 느끼지 못하고, 깨닫지 못한 것을 어떻게 아름답고 절실하게 표현할 수 있겠는가? 애써서 아름답게 표현해 보아야 그것은 겉만 예쁘게 꾸민 글, 공허하게 치장한 글이 되고 만다. 그런 말과 글은 아름답지도 않고 진실하지 않다. 그러므로 먼저 제대로 보아야 한다. 먼저 눈을 열어 보고 마음에 담아야 한다. 그래야 언어의 아름다움과 능력을 제대로 풀어놓을 수 있다.

눈부시게 빛나는 신록의 푸르름이 캠퍼스를 아름답게 물들이고 있다. 잠시 가던 길을 멈추고 눈을 열어 5월의 신선한 아름다움을 느껴보자. 싱그러운 청춘의 약동하는 생명력을 경탄하고 누릴 수 있는 세상에서 살고 있음을 감사하자. 이제 나는 기도 제목 하나를 또 추가해야 할 것 같다.

주여! 내 눈을 열어 주십시오.

시편 119:18, 표준새번역

그래서 주님의 말씀 안에 있는 놀라운 진리를 보고 깨닫게 하옵소서.

그래서 자연과 역사와 인생 안에 담겨있는 아름다움과 진실을 보고 깨닫게 하옵소서.

그래서 언어의 아름다움과 능력을 경험하고 잘 표현할 줄 알게
하소서.

# 성례전과 글쓰기

교회 전통에 따르면 보이지 않는 하나님의 은혜는 크게 두 가지 통로를 통해 우리에게 전달된다. 그 첫째 통로는 하나님의 말씀인 성경과 성경을 토대로 전달되는 설교이며, 두 번째 통로는 성례전이다.

옛날 신학자들은 성례전이란 보이지 않는 하나님의 은혜를 보이는 형태로 구체화하는 것이라고 가르쳤다. 성례전은 우리와 하나님의 연합을 가능하게 한다. 우리가 먹고 마시는 빵과 포도주는 매우 평범하고 일상적인 것이지만 그 빵과 포도주를 통해서 우리는 하나님의 사랑과 은혜를 인식한다. 그 간단한 물질에서 우리와 함께하시는 하나님의 임재를 경험한다.

이런 이해를 확대하면 우리를 둘러싼 모든 것들, 떠오르는 태양, 맑은 물, 커피 한 잔이 모두 우리를 향한 하나님의 사랑을 구체화한 것으로 볼 수 있다. 즉 성찬식 때 받는 떡과 포도주뿐만 아니라 모든 자연 만물은 하나님과 하나님의 사랑을 보여주는 성찬이라고 할 수 있다. 그렇다면 설교만이 아니라 우리가 하는 일상의 말도 은혜의 통로가 될 수 있다. 우리의 말이 진실과 사랑을 담고 있다면 그

말은 보이지 않는 하나님의 은혜를 다른 사람에게 전하는 통로가
될 수 있다. 그렇다면 글 역시도 하나님의 은혜와 아름다움을 드러
내는 수단이 될 수 있다.

내가 쓰는 모든 글들이 하나님의 사랑과 구원, 하나님의 아름다
움과 미소를 보여주는 글이 되었으면 좋겠다. 그래서 사람들이 나
의 글을 읽고 삶에 대해 감사할 수 있게 되고, 하나님의 사랑을 감
지할 수 있게 되고, 삶에 대해 조금이라도 더 나은 이해를 할 수 있
게 되었으면 좋겠다.

성례전에 대한 이해를 바탕으로 이제 켄 가이어가 쓴 『묵상하는
삶』이란 책에 나오는 이야기를 들어보자.

책이란 어떤 면에서 저자와 독자의 연합을 가능케 하는 성찬식과 같은 것이
다. 하얀 종이와 까만 잉크가 마음을 전하는 매체가 되는 것이다. 그러나 종이
와 단어는 빵과 포도주에 지나지 않는다. 진정 성스러운 것은 책을 쓰는 이의
마음이요, 고요히 성찬식에 앉아 그 쓴 것을 취해 읽는 이의 마음이다.

우리가 읽는 글은 작은 빵 조각과 같은 것, 그러나 페이지를 넘기다 보면 하나
님께서 낮아지사, 그 글을 통해 독자의 심령을 만지실 때가 있다. …… 모든 존
재의 비밀은 그 속에 쏟으시는 하나님의 사랑과 관심에 있다. 모든 사건에는
뭔가 성스러운 것이 담겨있다.

모든 사건에는
뭔가 성스러운 것이
담겨 있다.

정말 그렇다면 정신이 번쩍 드는 일이다. 정말 그렇다면 모든 것

이 달라진다. 인생의 하루하루, 그 하루의 매 순간이, 가족과 함께 하는 모든 저녁 식사가, 낯선 이와 나누는 모든 아침 식사가.

# 무엇을 먹여줄까?

　누가 그랬던가, 세상에서 가장 듣기 좋은 소리가 자기새끼 목구멍으로 밥 넘어가는 소리라고. 어떤 남자가 자기 아이를 보고 느끼는 소소한 행복을 표현했는데, 그 중에 이런 내용을 읽으며 빙긋이 웃었다.

> 어린 새처럼 입만 뻐금뻐금 벌리며 먹이를 받아먹던 아이가 식탁에 앉아 밥 한 그릇을 비워내는 모습은 식탐마저 대견할 정도로 보기 좋다. 씩씩하게 한 수저의 밥을 제 입에 퍼 담는 아이를 뿌듯하게 바라보며 나는 삶의 용기를 뱃속에 담는다.

　왜 밥 먹는 아이의 모습이 그렇게 보기에 좋았을까? 그 밥이 내가 사랑하는 자녀를 키워주기 때문이다. 음식은 사람의 육체를 키운다. 음식은 육체뿐 아니라 성격에도 영향을 준다. 그러니 우리 모두 자녀에게 싱싱한 야채와 깨끗한 음식을 골고루 먹여주어야겠다.
　그런데 사람을 키워주는 것은 음식만이 아니다. 말과 글도 사람을 키워준다. 말은 사람의 됨됨이에 결정적인 영향을 끼친다. 우리가 듣고 말하는 내용이 우리가 어떤 사람이 될지를 상당부분 결정한다. 우리가 듣는 말, 하는 말은 우리가 먹는 음식보다 훨씬 더 많이 우리의 삶을 좌우한다. 마르바 던은 『우물 밖에서 찾은 분별의 지혜』라는 책에서, "당신을 형성하는 말은 주로 어떤 것들인가?"라고 묻는다. 그러면서 그는 우리가 아우구스티누스나 프란체스코, 그 외에 다른 기독교 성인들처럼 어떤 근본적인 말씀에 사로잡힌다면, 우리의 삶은 그 말씀에 따라 달라질 것이라고 한다.

목사와 대학 교수로 살고 있지만 한때는 작은 시골 초등학교 교사가 되었으면 좋겠다고 생각했던 때가 있다. 만약 어린이를 가르치는 기회가 주어진다면 나는 더 사랑하고, 더 좋은 말을 해 주는 선생님이 되고 싶다. 사랑, 감사, 긍정, 진실이 담긴 말을 많이 해 주고, 그런 글이 담긴 책을 많이 읽게 하겠다. 그런 좋은 책을 쓰고 싶다. 하나님의 아름답고 선한 말씀이 어린이의 마음에 뿌리를 내리도록 도울 수 있으면 좋겠다.

학교 폭력, 따돌림이 걱정이다. 도대체 그 아이가 무엇을 먹었기에 그렇게 자기밖에 모르고 다른 아이를 괴롭히는 아이가 되었을까? 무엇을 먹기는? 우리 누구나 먹는 밥, 김치, 된장, 달걀부침, 김 같은 것을 먹지 않았겠는가?  아! 라면도 먹고 피자도 먹었겠다. 그러니 그들을 폭력적인 사람으로 만든 것은 입으로 들어간 음식이 아니다. 눈과 귀로 먹은 것이 그들을 비뚤어지게 만들었다.

"무조건 이겨야 한다."

"만만하게 보이면 네가 당한다."

"너 같은 건 세상에 태어나지 않았어야 해."

많은 아이들이 일상에서 자주 들을 수 있는 말들이다. 또 아이들은 돈과 권력으로 부당한 일을 저지르는 어른들의 이야기를 수없이 듣고 보고 머릿속에 채웠을 것이다. 그래서 그런 행동이 아무런 죄의식 없이 자연스럽게 나왔을 것이다. 그러므로 자녀들을 훌륭한 사람이 되게 하려면 좋은 말을 많이 듣고 아름다운 이야기를 많이 읽도록 환경을 조성해 주는 것이 필요하다.

이 땅에 사는 모든 부모들이 자녀들에게 좋은 음식을 먹일 뿐 아니라 좋은 말을 많이 해주고 좋은 글을 많이 읽도록 했으면 좋겠다. 남편과 아내가 서로에게 사랑이 담긴 말을 하고, 힘이 되는 말을 많이 들려주면 좋겠다.

# 금강산 아가씨

수년 전, 금강산을 다녀온 적이 있다. 일부분만 본 탓인지 금강산이라고 해서 설악산과 크게 다르지는 않았다. 그러나 북한 주민을 만나서 이야기를 나눈 것은 특별한 경험이었다.

구룡폭포를 한눈에 볼 수 있도록 지어놓은 정자에서 북측 안내원이 열심히 설명하고 있었다. 그때 나는 쉬고 있는 북측 여성 안내원과 이런저런 이야기를 나누었다. 대학 1학년 여학생 정도 되어 보이는 앳되고 아리따운 아가씨였다. 내가 어디서 왔는지? 무엇을 하는 사람인지? 목사는 어떻게 먹고 사는지? 그녀는 궁금한 게 많은 듯했다. 나는 대전에 있는 한남대학교 교수이자 목사라고 소개했다. 그런데 그녀는 연세대학교는 알지만 한남대학교는 모른다고 했다. 나는 카터 전 대통령과 김일성 주석이 회담할 때 한남대학교를 설립한 분의 손주가 통역을 했다고 알려주었다. 그녀는 카터 대통령에 대해서 호감을 갖고 있는지 반가워했다. 나는 한남대학교 설립에 참여했던 분의 후손들이 지금도 북측의 결핵환자를 돕는 일에 힘쓰고 있다고 소개하였다. 그랬더니 그녀는 미국 사람이 왜 북측 사람들을 위해 수고하느냐고 물었다. 나는 하나님이 모든 사람을 사랑하라고 하셨기 때문이라고 설명해 주었다.

한남대학교 설립자 대표는 인돈 목사님이다. 인돈 목사님은 21살이 되던 1912년에 선교사로 한국에 와서 48년의 세월을 이 땅에서 살았다. 그 분은 3-1운동을 미국에 알리면서 자유를 요구하는 한국인들을 지원해달라고 호소했다. 6-25사변의 위험한 상황 속에서도 이 땅을 떠나지 않고 피난을 다녔다. 그리고 한남대학 설립을 위해 애쓰시다가 암이 악화되어 세상을 떠났다.

종을 치면 바로 수업을 시작하라.
종을 치기까지 수업을 계속하라.
매시간 숙제를 내 주어라.
교수와 학생은 수업 시간에 빠지지 말라.
기독교 분위기를 유지하라.

이것은 그 분이 우리에게 남긴 어쩌면 유언과도 같은 말씀이다. 지금은 인돈 박사님의 뒤를 이어 그 분의 손주들이 한국인을 위해 더 많은 일을 하고 있다. 어린 시절 고무신을 신고 시골 어린이들과 놀던 때를 회상하는 스티브 린튼과 존 린튼은 순박하고 자존심 강한 북측 사람들을 이해하고 사랑하는 마음이 매우 큰 분들이다. 그들은 증조 외할아버지인 선교사 배유지(Eugene Bell) 목사님의 이름을 딴 유진 벨 재단을 설립하여 북측의 결핵환자를 돕고 있다. 굶주리고 병들어 쓰러져가는 불쌍한 우리 동포를 그 분들이 앞장서서 돕고 있다. 한남대학 교직원들 가운데 60여 명이 한 달에 5,000원씩 후원하고 있다. 좀 더 많은 분들이 참여해 주었으면 좋겠다. 인돈 박사님의 삶과 신앙은 그 분의 손주들을 통해서 지금도 계속되고 있다. 참으로 감사하고 자랑스러운 일이다.

금강산에서 만난 그 아가씨는 북측의 논밭이 경지 정리가 잘 되었다고 자랑했다. 남측보다 못산다는 것을 알고 있지만 조금도 주눅 들지 않는 밝은 모습이 보기 좋았다. 결혼에 대해서 물었다. 자기가 좋아하는 총각을 데려오면 결혼시켜주겠다고 어머니가 말씀하셨다면서 살포시 얼굴을 붉혔다. 나는 그 순박한 아가씨가 좋은 사람 만나서 행복하게 살기를 마음속으로 빌어주었다.

인돈학술원 전경

# 과거를 바꾸는 길

　한 번은 천주교 유흥식 주교님이 우리 대학 교직원 예배에 참석하여 말씀을 전해 주셨다. 그 분은 시간의 중요성, 특히 현재라는 시간의 중요성에 대해서 말씀해 주셨다. 대충 이런 내용이었다.

　과거는 지나갔으니 어쩔 수 없다. 잘한 일은 감사하고 잘못한 일은 후회할 뿐이다. 미래는 아직 오지 않은 시간이고 내가 어떻게 할 수 없는 시간이다. 현재만이 내가 무엇인가를 할 수 있는 시간이다. 현재를 최선을 다해 살아야 한다. 지금이란 시간을 몸과 마음과 정성을 다해서 살아야 한다.

　그러나 나는 시간에 대해서 그 분과 조금 다른 생각을 가지고 있다. 과거는 지나갔기 때문에 내가 어떻게 할 수 없는 것이 아니다. 과거를 바꿀 수 있는 길이 있다. 그러므로 과거가 수치스럽고 불행했더라도 우리는 어쩔 수 없다고 체념할 필요가 없다. 과거에 일어난 사건 자체를 바꿀 수는 없지만 지나간 시간을 빛나고 의미 있는 것으로 변하게 만들 수는 있다.

　과거는 지나가버린 시간이다. 그러나 그 과거는 현재와 미래에 의하여 본래의 모습에서는 전혀 발견할 수 없는 빛깔을 드러낸다.

현재 내가 어떻게 하느냐에 따라, 미래에 내가 어떤 사람이 되느냐에 따라 나의 과거는 더 빛난 것이 될 수도 있고 더 어둡고 부끄러운 것이 될 수도 있다. 과거의 삶이 아무리 내세울 게 없다고 하더라도 나중에 훌륭한 사람이 되고 빛나는 업적을 이루게 되면 과거의 가난과 고생은 물론 실수와 죄까지도 새로운 의미를 갖게 된다. 아무리 불행하고 힘들게 살았더라도 지나온 삶을 감사하는 마음으로 회고한다면 우리의 과거는 아름답게 빛날 수 있다. 그래서 어떤 분야에서 크게 성취를 이룬 사람들은 과거의 고생과 가난, 심지어 실수까지도 미소를 지으며 자랑스럽게 이야기할 수 있다.

우리 삶의 의미는 마지막에 의하여 평가된다. 미래가 현재 내 삶에 의미를 부여하고, 나의 과거를 빛나게 만들 수 있다. 미래가 과거의 의미와 모습과 빛깔을 결정한다. 과거와 현재가 미래를 만들기도 하지만 현재와 미래가 과거를 의미 있게 만들기도 하고 허무하게 만들기도 한다. 그러면 우리의 미래는 어디에서 끝나는가? 죽음? 무덤? 기독교에서는 우리의 미래는 하나님의 사랑에 접속되어 있다고 한다. 그래서 사도 바울은 이렇게 고백할 수 있었다.

> 우리가 알거니와 하나님을 사랑하는 자, 곧 그 뜻대로 부르심을 입은 자에게는 모든 것이 합력하여 선을 이루느니라.
>
> 로마서 8:28

하나님 안에서는 무가치한 과거, 돌이킬 수 없는 과거란 없다.

# 감정 은행계좌

대학에 있으면 일 년에 두 번씩 새로운 출발을 경험한다. 가을 학기가 시작하는 9월 어느 날이었던 것 같다. 첫 시간 출석을 부르고 나서 지난 방학 기간에 무엇을 했으며, 무엇을 느꼈는지 물었다. 그 중에 한 학생은 방학 기간에 농활 다녀 온 이야기를 들려주었다. 농부의 땀과 정성이 풍성한 열매로 나타나는 현장을 경험하고 느낀 점이 많았다고 한다. 심고 노력한대로 거둔다는 것은 부인할 수 없는 농사의 법칙이다. 다른 분야에서는 때로 눈가림과 벼락치기가 통할지 모르나 농사의 경우는 결코 안 통한다. 거름도 안 주고 김도 안 매주었는데 다른 농부보다 풍성한 열매를 거둘 수는 없다.

그런데 심은대로 거둔다는 농사의 법칙은 우리 삶에도 그대로 적용된다. 인생의 풍성한 결실과 수확은 평소에 무엇을 심었고 얼마나 정성을 기울였느냐에 달려있다. 우리는 모두 무언가를 심는 사람들이다. 우리는 말과 행동과 태도를 통해서 다른 사람에게 반드시 무엇인가를 심고 있는 것이다.

스티븐 코비 박사는 감정 은행 계좌라는 말로 평소의 우리 태도와 행동이 얼마나 중요한지를 다음과 같이 설명한다.

예금계좌에 돈이 많이 들어 있으면 급할 때 필요한 만큼 꺼내 쓸 수 있지만 잔고가 없으면 낭패를 보게 된다. 마찬가지로 우리가 다른 사람에 대해서 공손하고, 정직하며, 사람들과 약속을 잘 지킨다면, 그래서 좋은 인상을 평소에 심어놓았다면 우리는 상대방에게 좋은 감정을 저축하는 셈이 된다. 그러면 사람들에게 심어놓은 신뢰가 높아져 있기 때문에 우리는 필요할 때마다 예입된 신뢰를 이용할 수 있게 된다. 우리가 어쩌다 실수를 해도 워낙 예입된 신뢰 수준이 높기 때문에 쉽게 좋은 관계를 회복할 수 있다. 신뢰가 높을 경우 전달한 말이 불분명해도 의사소통이 잘 되고 오해를 받지 않는다.

그러나 평소에 이기적이고 무례하고 신용이 없으면 감정 은행 계좌는 잔고가 바닥이 나게 된다. 그러면 내가 아무리 진실을 이야기해도 사람들은 나의 말을 믿어주지 않는다. 그래서 사는 것이 피곤하고 힘들며 도움이 필요할 때 외면당하게 된다. 우리는 하루아침에 갑자기 성실성과 용기와 자비로움과 겸손을 갖출 수 없다. 평소에 진실하게 살아야 한다. 겸손의 덕을 갖추기 위해서 의식적으로 노력해야 한다.


TV에서 이혼 직전에 이른 부부가 나와서 하는 이야기를 들었다. 그들의 감정 은행 계좌는 사랑과 신뢰의 잔고가 바닥이 난 상태에 있었다. 각서를 몇 번씩 써주었지만 그것은 휴지조각에 불과했다. 신뢰가 회복되지 않아 파탄에 이른 것이다. 어느 부부든지 결혼할 때는 행복한 가정을 꿈꾼다. 그러나 이타심, 돌봄, 배려, 사랑과 신뢰의 씨앗을 심는 노력을 기울이지 않는다면 결국 잡초와 가시만

무성한 가정을 보고 한탄하게 될지 모른다.

옛날 호세아 예언자는 이스라엘 사회가 정직하지 못하고 허세에 빠져 있고 하나님의 뜻을 무시했기 때문에 당하게 될 재난을 이렇게 표현했다.

그들이 바람을 심고 광풍을 거둘 것이라 심은 것이 줄기가 없으며 이삭은 열매를 맺지 못할 것이요 혹시 맺을지라도 이방 사람이 삼키리라.

호세아 8:7

사도 바울은 우리 각자가 무엇에 이끌려 살고 있는지, 무엇을 심고 있는지 돌아보라고 이렇게 말씀했다.

자기 육체에다 심는 사람은 육체에서 썩을 것을 거두고, 성령에다 심는 사람은 성령에게서 영생을 거둘 것입니다.

갈라디아서 6:8, 표준새번역

# 명품

언어는 현실을 규정하고 변화시킨다. 그러므로 우리의 생각과 현실을 변혁시키려면 언어를 바꾸어야 한다. 언어가 왜곡되면 우리의 생각과 판단이 왜곡된다. 상상력이 무뎌진다.

시집 간 딸을 친정 부모가 도와주는 것을 애프터서비스라는 말로 표현하는 것을 종종 듣게 된다. 재미있는 표현이기는 하지만 그 말은 친정 부모가 딸을 상품으로 시댁에 제공했다는 의식을 은근히 반영한다. 뭘 그렇게 예민하게 반응하느냐고 못마땅해할 수 있다. 그러나 정치계를 보라. 언어를 장악하는 편이 주도권을 쥐고 유리한 위치를 차지하지 않는가? '부자 감세'라는 언어가 여당을 궁지로 몰아가고, '포퓰리즘'이란 용어가 야당의 주장을 선동으로 각인시키며, '나쁜 투표', '희망 버스'라는 표현이 상대편을 곤혹스럽게 만들지 않았는가.

저 앞에 어떤 여성이 고가의 수입품 가방을 메고 사뿐사뿐 걸어가고 있다. 우리는 그 여성이 맨 가방을 명품이라고 말할 수도 있고 사치품이라고 말할 수도 있다. 그런데 참 이상하다. 같은 가방을 들었는데, 명품이라고 하면 그 가방을 든 여성이 여유 있고 세련되고 품위 있는 여인으로 느껴진다. 그러나 사치품이라고 말하자마자 그 여성은 허영심이 많은 여자, 과시하기를 좋아하는 품위 없는 여자로 인식하게 된다. 이처럼 우리는 무의식적으로 언어에 의하여 현실을 인식하고 해석하며 살아가고 있다.

어떤 칼럼을 읽다가 알게 된 사실인데, 유감스럽게도 국내에서만 고가 수입 브랜드를 '명품'(Well-made Product)'이라고 한단다. 유럽과 일본, 미국에서는 '호화품(Luxury)' 혹은 '고급품(Premium Product)'이라 부른단다. 중국에서는 '명품'이라는 용어를 사용하지 않고 '명패(Well-known Brand)'라는 말을 쓴다고 한다.

원래 '명품(名品)'의 사전적 의미는 '뛰어난 물건이나 작품'을 말한다. 최고의 도공이 만든 청자, 정통 공예 전수자가 공들여 짠 화문석, 최고급 캐시미어로 만든 수제 외투와 같은 것들이 여기에 속한다. 그러나 어느 사이 명품은 고가의 수입 브랜드를 가리키는 말과 동의어가 되었다. 결국 너도나도 무의식적으로 사용하는 '명품'이란 말이 고가의 수입 브랜드에 대한 선망과 과소비를 부추기고 있다. 그래서 형편이 넉넉하지 못한데도 고가의 수입 가방을 사는 사람이 많고, 많은 돈이 외국으로 흘러나간다. 그래놓고 외국 기업이 우리나라에서 논을 엄청나게 벌면서도 사회에 기여는 하지 않는다고 불평한다. 그게 억울하다면 이제부터라도 그런 가방을 명품이라는 말 대신에 사치품으로 불러 우리의 의식과 행동을 바꿔나가면 어떨까?

그렇다. 우리가 사용하는 단어들에 대해서는 아무리 조심해도 지나치지 않다. 처음엔 우리가 명품이란 단어를 사용하지만 결국은 그 명품이란 단어가 우리를 사용한다. 우리의 생각과 상상력은 부적절한 언어에 사로잡힌다. 삶을 바꾸려면 언어를 바꾸어야 한다.

우리가 '명품'이란 표현을 써야 할 대상은 외국 회사가 만든 가방이 아니라 하나님이 만드신 바로 나 자신이다. 성경은 우리를 최고의 명장, 하나님이 만드신 작품이라고 한다. 우리는 이 땅에서 하나님의 모습을 반영하는 존재라고 한다. 그러면서 우리에게 명품답게 선한 일을 하면서 살라고 한다.

우리는 하나님의 작품입니다. 선한 일을 하게 하시려고 하나님께서 그리스도 예수 안에서 우리를 만드셨습니다. 하나님께서 이렇게 미리 준비하신 것은 우리가 선한 일을 하며 살아가게 하시려는 것입니다.

에베소서 2:10, 표준새번역

# 북소리

한 번은 코엘료가 '산티아고 가는 길'이란 제목으로 강연을 하고 나오는데 어떤 여인이 다가와서 말했다.

"당신의 강연에는 무언가 빠진 것이 있습니다."

그것이 무엇인지 궁금해진 코엘료는 커피를 한 잔 하면서 그 여인의 이야기를 듣게 되었다. 베고냐라는 이름을 가진 여인이 말했다.

저는 많은 순례자들이 산티아고의 길에서건 삶의 여정에서건 항상 타인의 리듬에 맞추려 한다는 것을 알게 되었어요. 순례를 시작하며 저 역시 일행에 보조를 맞추려고 노력했었죠. 하지만 제 몸이 할 수 있는 것보다 더 많은 걸 요구하게 되니 곧 지쳤어요. 언제나 팽팽하게 긴장했고, 그래서 왼쪽 발목 인대가 늘어났죠. 결국 저는 이틀도 못 걷고 도리 없이 쉬게 되었답니다. 쉬는 동안 생각했어요. 나 자신의 리듬을 따라야 산티아고에 이를 수 있겠구나. 당연히 제 여정은 다른 사람들보다 더 오래 걸렸고, 많은 구역을 저 혼자 가야 했어요. 그래도 한 가지는 확실했죠. 저만의 리듬을 존중함으로써 여정을 다할 수 있다는 것. 그때부터였어요. 이 깨달음이 제 삶의 모든 일에 적용된다는 것을. 저는 이제 저만의 리듬을 중시하며 살게 되었답니다.

내 친구 가운데 한 사람은 은퇴 후에 산티아고를 순례하겠다고 한다. 그런데 그 이야기를 들었을 때 나는 그가 왜 굳이 산티아고로

가는 길을 걸어야 하는지 이해할 수 없었다. 친구는 그곳을 걸으면서 무엇을 발견하고, 순례를 마친 후 무슨 깨달음을 얻게 될까? 나중에 그 친구의 이야기를 듣고 싶다.

산티아고에 가보지 않았지만 나는 베고냐라는 여인을 통해서 '자기만의 리듬'을 중시하며 살아야 한다는 소중한 깨달음을 얻었다. 우리는 누구나 자신의 귀에 들리는, 혹은 자신이 귀를 기울이는 어떤 북소리의 리듬을 따라 걷기 마련이다. 그것은 자신의 내부에서 치미는 욕망의 박동 소리일 수도 있고, 매스컴에서 떠드는 잡다한 소리일 수도 있다. 다른 사람은 자기가 듣는 북소리를 따라 살라고 하라. 그것이 그 사람에게 맞는 북소리일 수 있으리라. 그렇다고 나까지 그 사람의 북소리를 따라 살 필요는 없다. 그것은 단지 그에게 맞는 북소리일 뿐이다. 그렇다면 내가 귀를 기울여야 할 북소리는 무엇인가? 살아가는 동안 각자 들어야 할 북소리를 제대로 들을 수 있으면 좋겠다.

사도 바울은 인생의 어느 시점에서 북소리를 듣게 되었다. 그 후 그는 그 북소리에 맞추어 걸어갔다. 그는 인생길을 걸어가는 다른 순례자들을 향하여 이렇게 권고했다.

여러분은 이 시대의 북소리를 따라 생각 없이 살지 마십시오. 오직 마음을 새롭게 함으로 소음 가득한 세상에서 하나님의 북소리를 분별하십시오. 그 북소리를 따라 여러분의 삶의 리듬을 조정하십시오. 그 북소리가 여러분 자신의 삶의 리듬이 되게 하십시오(로마서 12:2 참고).

# 연금술사

　오래전 한때 유럽에는 평범한 쇠붙이를 황금으로 바꾸는 연금술사가 되기 원하는 사람들이 많았었다. 그러나 그런 연금술이 불가능한 것으로 밝혀진 것은 이미 오래이며, 오늘날 연금술사란 새로운 부와 가치를 창조해내는 사람들을 은유적으로 부르는 말로 쓰일 뿐이다. 그런 의미로 생각해 보면 전자 공학, 생명 공학, 나노 기술 등을 연구하는 과학자들이 바로 우리 시대의 연금술사가 아닌가 싶다. 어디 과학자뿐이겠는가. 시인도 있다. 시인은 평범한 언어를 가지고 마술을 부리듯이 우리의 마음을 사로잡고 흔들어놓고 슬프게 한다. 좋은 시는 우리를 감동시킨다. 나도 시를 써보고 싶었다. 그러나 아무리 애를 써보아도 내가 써놓은 것은 시 같지 않았다. 그렇다면 우리 보통 사람은 그냥 과학자나 예술가들이 이루어낸 놀라운 결과물을 누리는 것으로 만족해야 할 것인가?

　아니다. 그렇지 않다. 우리는 모두 연금술사가 될 수 있다. 우리는 우리가 하는 일을 통해 삶을 빛나게 만드는 연금술사가 될 수 있다. 나는 얼마 전에 『우체부 프레드』라는 책을 읽고 그 사실을 깨닫게 되었다.

프레드는 똑같은 일을 하더라도 아주 특별하게 자신의 일을 해내는 사람이었다. 그는 자신이 하는 일을 통해서 자신의 삶을 빛나게 만드는 삶의 연금술사였다. 그는 봉급이나 다른 사람의 인정이 아니라 자신이 맡은 일 자체가 보상이라는 마음으로 즐겁게 일했다. 보통의 우편배달부들은 자신의 직업을 단조롭고 고된 일로 생각했지만, 프레드는 우편배달을 다른 사람에 대한 관심과 사랑의 봉사로 생각하고 사람들의 삶을 더 즐겁고 행복하게 해줄 기회로 삼았다. 그는 남에게 도움을 주는 것이 도움을 받는 것보다 훨씬 즐거운 일이라는 것을 깨달았으며, 그렇게 그는 평범한 일을 특별한 것으로 만들었다.

사랑이 우리가 하는 일의 동기가 될 때 우리의 삶은 특별한 것이 된다. 프레드는 사랑을 통해 우편배달부라고 하는 지루하고 평범한 삶을 특별한 삶으로 만들었다. 그는 납과 같은 평범하고 지루하고 무거운 일상을 금과 같이 빛나고 가치 있는 삶으로 바꾸어 놓았다. 인터넷을 검색하다가 이런 글을 보았다.

결단하는 지금, 그대는, 이미 연금술사,
오늘은 누구에게나 주어진 같은 하루이지만,
평범한 이름 세 글자, 그대를 더하면 행복이 되는
그대는 연금술사

그렇다. 프레드는 자신의 평범한 삶을 빛나게 만든 연금술사였다. 프레드라는 평범한 이름의 남자가 다른 사람의 삶에 더해질 때

그를 만난 사람들 역시 행복해졌다는 점에서 그는 연금술사였다.
나도 삶의 연금술사가 되고 싶다.

# 나이를 먹는다는 것

봄이 성큼 다가 왔다. 캠퍼스는 젊은 학생들의 활기로 가득하다. 이제 곧 목련, 개나리, 진달래, 벚꽃이 캠퍼스를 화려하게 수놓게 될 것이다. 그런데 이렇게 계절이 바뀔 때면 나는 나이가 들어감을 실감하게 된다.『나는 이렇게 나이 들고 싶다』는 책을 뒤적이다 나 자신에게 질문을 던져본다.

"과연 나는 어떻게 나이 들어가야 할까?"

이런 말이 있다.

"크림과 달걀은 오래되면 상하게 마련이다. 그러나 치즈나 와인은 오래 숙성될수록 맛이 깊어진다."

어떤 인생은 나이가 들수록 상하고, 냄새나고, 재미가 없지만 어떤 인생은 나이가 들수록 지혜롭고 풍성해진다. 그래서 풍류신학자 유동식 박사는 미수(米壽)가 아니라 미수(美壽)가 되어야 한다고 하였다. 사람은 밥 먹고 살아서 나이 드는 것으로 그칠 것이 아니라 하나님의 아름다운 뜻을 받들어 살아온 인격적인 삶의 연륜이 되어야 한다는 말이다.

어렸을 때는 나이를 먹는 것이 좋았다. 어린이는 보통 자기의 생일 케이크에 꽂는 촛불이 늘어나는 것에 자부심을 갖는다. 그러나 어른이 될수록 나이 먹는 것을 좋아하지 않게 된다. 당연히 생일 축하 촛불이 늘어나는 것을 흐뭇하게 바라보지도 않는다. 한 친구의 생일 축하 모임이 생각난다. 그때 케이크에 꽂아 놓은 초는 오직 단 하나였다. 나이 먹었다는 것을 굳이 나타내고 싶지 않았던 것이다.

우리가 나이 먹는 것을 좋아하지 않는다고 나이가 멈춰줄 리는 없다. 그렇다면 우리는 나이 먹는 것에 대해 어떻게 생각해야 할까? 어떻게 대응하는 것이 좋을까? 나는 헨리 나웬의 글을 읽으면서 어떤 깨달음을 얻었다. 약간 변형해서 정리하자면 다음과 같다.

우리가 나이를 먹는다고 해서 자동적으로 더 성숙하고 좋아지는 것은 아닌 것 같습니다. 오히려 나이를 먹을수록 우리는 일상적인 생활 방식에 안주하려고 하며, "응 그래, 그것은 내가 다 아는 거야, 내가 이미 해 본 거지. 태양 아래 새 것이란 없는 거야. …… 나는 그저 모든 것을 마음 편하게 생각하고 매일매일 닥쳐오는 대로 살아 갈 거야"라고 말합니다.

그러나 이런 방식으로 살면, 우리의 생명은 창조적인 긴장을 잃어버립니다. 이렇게 되면, 우리는 더 이상 어떤 새로운 것이 일어날 것이라는 기대를 하지 않습니다. 우리는 냉소적이 되거나, 자기만족에 빠지거나, 지루해질 뿐입니다. 나이를 먹는 일은 보다 큰 인내와 보다 강한 기대를 가지고 기다리도록 도전합니다. 그것은 열렬한 희망을 가지고 사는 것입니다.

나는 젊은이들이 너무 일찍 삶에 대해서 심드렁해지지 않았으면 좋겠다. 자신의 향상을 위해 노력하고, 새로운 것에 호기심을 가지며, 미래에 대해 기대를 갖고 살았으면 좋겠다. 또한 매일매일 주어진 일, 처리해야 할 일 이외에 자기만의 꿈과 과제가 있었으면 좋겠다. 그 일을 위해 틈틈이 그리고 꾸준히 준비했으면 한다. 지금 하고 있는 업무와 관련된 것이어도 좋고, 자신의 미래에 필요한 어떤 능력을 향상시키는 것이어도 좋고, 자신의 삶을 풍요롭게 할 수 있는 것이라면 그 무엇이라도 좋다.

사람들은 내가 은퇴한 후에 무엇을 하며 지내고 싶은지 묻는다. 유유자적하면서 여유롭게 지내는 것도 좋을 것 같다. 어떤 주제에 관해서 다른 사람들에게 도움이 되는 좋은 책을 써보고 싶은 마음도 있다. 물론 하나님이 뜻밖의 일에 참여하도록 이끄시면 당연히 그 일을 해야 할 터이다. 그러나 은퇴 후에 내가 어떤 일을 하게 되든 호기심과 꿈을 갖고 살 수 있으면 좋겠다. 나이가 들수록 부드럽고 개방적이고 유머러스했으면 좋겠다. 그리고 젊은이들에게 연락을 하면 그들이 반가워할 수 있는 사람이었으면 좋겠다.

토르니에라는 정신과 의사는 "하나님의 은혜를 아는 것이 인생의 의미"라고 했는데, 나이가 들어가면서 더욱 하나님의 은혜를 감사하면서 사랑하며 살고 싶다. 우리나라가 평화로운 나라이기를 소망한다. 우리 모두를 위해서.

# 행복의 열쇠

행복과 관련하여 두 권의 책을 소개하고 싶다. 하나는 『슬기의 열쇠』라는 동화이고, 다른 하나는 『행복의 조건』이라는 책이다.

『슬기의 열쇠』라는 책은 손주 주영이에게 읽어주기 위해 우연히 집어든 책이다. 그러나 만 3살이 채 안 된 손주에게 그 책을 읽어주다가 문득 깨달은 것이 있다. 그 동화는 대강 이런 내용이다.

옛날 옛날에 어떤 나라가 있었는데, 그 나라 사람들은 누구나 지혜의 열쇠를 하나씩 받았다. 그 열쇠는 반드시 스스로 관리해야 하며 누가 대신 보관하거나 관리해 줄 수 없다. 그런데 그 열쇠에는 신비한 힘이 있어서 반짝반짝 윤이 나게 잘 닦고 관리하는 사람은 행복해지고 얼굴은 빛나고 아름다워지게 한다. 그러나 게을러서 열쇠를 함부로 다루거나 닦지 않으면 그 열쇠의 주인은 미련하게 되고 얼굴도 보기 싫게 된다.

그 나라의 왕자 역시 다른 백성들과 마찬가지로 슬기의 열쇠를 받았다. 그런데 왕자는 왕자라는 핑계로 열쇠를 제대로 닦지 않았다. 왕자는 점점 더 우둔해지고 얼굴도 흉하게 되었다. 그러니 어느 아가씨가 시집오려고 하겠는가? 어느 날 왕자는 시골에 갔다가 아리따운 아가씨를 보게 되었다. 사랑에 빠진 왕자는 정신을 차렸다. 그날부터 왕자는 자기 열쇠를 정성들여 닦고 빛나게 하였다. 그러자 왕자는 점점 지혜롭고 멋있는 청년이 되었다. 결국 왕자는 그

아가씨와 결혼하여 함께 그 나라를 잘 다스렸다.

이 동화의 제목은 '행복의 열쇠'가 아니라 '슬기의 열쇠'다. 그렇다. 행복은 이미 타고난 조건으로 얻을 수 있는 것이 아니라 슬기롭게 살아감으로써 이루어 가는 것이다. 누구나 행복을 추구할 권리가 있지만 누구도 행복을 권리로 누릴 수 없다. 아무리 좋은 조건을 가진 왕자라고 해도 행복을 당연한 것으로 누릴 수는 없는 것이다. 돈, 결혼, 종교, 직장, 명예는 그 자체가 행복을 가져다주는 열쇠가 아니다. 오직 지혜만이 행복을 여는 열쇠가 될 수 있다.

조지 베일런트가 쓴 『행복의 조건』이란 책은 수십 년간의 연구 결과를 담아놓은 책이다. 이 책 역시 지혜만이 행복을 여는 열쇠이며, 행복은 권리가 아니라 지혜로운 삶의 결과로 누릴 수 있는 것이라고 말한다. 이 책의 원래 제목은 'Aging Well'이다. 이 책은 행복의 조건을 설명하는 책이 아니라 어떻게 행복하게 나이 들어갈 수 있는지를 설명하는 책이다. 어떤 사람이 품위 있고 행복한 노년을 맞는가? 풍성한 노후를 맞이할 수 있는 비결은 무엇인가? 이 책의 내용 가운데 일부를 간단히 요약해 본다.

베일런트는 행복하고 건강하게 나이 들어갈지, 그렇지 못할지는 지적인 능력이나 계급과 관계된 것이 아니라 인간관계를 어떻게 할지에 달려있고 설명한다. 그는 이렇게 말한다.

"인생에서 성공과 행복의 문을 열어주는 열쇠는 자기 관리와 사랑이다."

인간의 말년을 불행하게 하는 것은 경제적 빈곤이 아니라 사랑의 빈곤이고 지혜의 빈곤이고 자기 관리의 빈곤이다.

조지 베일런트는 이상적인 노화의 전형적인 인물로서 앤서니 필렐리를 소개한다. 이탈리아에서 이민 온 그의 부모는 영어를 읽지 못했다. 그의 어머니는 우울증을 앓았으며 아버지는 술주정이 심했고 매질을 했다. 어린 시절 그의 집을 방문한 연구원들은 이렇게 기록했다.

아늑함이라고는 전혀 없고, 들어가 보기조차 싫은 집이었다. 아이들의 행색도 모두 이루 말할 수 없이 초라했다.

그 후 필렐리는 기술고등학교를 졸업한 후에 공군에 입대했고, 19살에 결혼했다. 세월이 가면서 그의 삶은 점차 긍정적으로 변화되었다. 경제적으로 여유가 생겼을 뿐 아니라 생각도 건강해졌다. 고통스러웠던 유년기는 차츰 긍정적인 추억으로 바뀌었으며, 어머니, 아버지를 이해하고 용서하면서 인간에 대한 관용의 폭이 넓어졌다. 건강하고 풍성한 노화, 늙도록 행복한 삶의 비결은 관용과 감사하는 마음과 사랑이다. 동화가 들려주고, 수십 년간 축적된 연구 결과가 보여주는 행복의 열쇠는 지혜와 사랑 그리고 자기 관리다.

# 일

창세기에 보면 하나님은 세상을 만드신 일꾼으로 등장한다. 인간은 하나님이 만드신 동산을 지키고 관리하는 일꾼으로 등장한다. 그러나 어떤 사람은 일을 저주로 생각한다. 하나님께 죄를 지은 결과로 인간은 일을 할 수밖에 없게 되었다는 것이다. 그러나 타락하기 전에도 인간은 일을 했다. 일이란 인간에게 어떤 의미를 갖는가? 사람은 일을 통해서 어떤 것을 이루는가?

첫째, 사람들은 일을 통해서 자신을 표현하고 자신의 능력을 나타낸다. 일은 일하는 존재에 대하여 무언가를 드러낸다. 하나님은 빛을 창조하시고, 하늘과 별과 아름다운 숲을 만드심으로 자신의 아름다움과 능력을 표현하고 알렸다. 사람들 역시 자신이 하는 일을 통해서 자신의 솜씨와 능력을 드러낸다. 우리는 일을 통해서 자신을 만들어가고 성취한다. 그런 의미에서 일은 우리의 능력을 활용하고 계속 발전시킬 수 있는 기회를 열어 주는 축복의 통로다. 그래서 토마스 아퀴나스는 "노동의 기쁨 없이는 삶의 기쁨도 없다"고 말했다. 자신이 하는 일을 통해서 삶의 기쁨을 누리지 못하는 사람은 온전한 인격을 이룰 수 없다. 그런데 죄의 현실 속에서 노동은 적대적인 세상에서 살아남기 위한 수단이 되었다. 많은 사람들이 생계를 위해 마지못해 일하고 있다. 자신을 표현하고 자신의 능력을 나타낼 기회를 갖지 못한 채 풀이 죽어 일하고 있다.

둘째, 사람들은 일을 통해 사회에 기여하면서 사회의 일원으로 살아간다. 일은 개인을 사회로 불러내는 활동이며 사회적 관계를 형성하는 통로이다. 일은 다른 사람과 관계를 맺게 하고, 다른 사람의 유익을 가져옴으로써 공동체에 기여한다. 교사, 사회 복지사, 의사뿐 아니라 상점 점원, 공장 기사, 운전기사, 주부 등 일하는 사람은 자신이 하는 일을 통해 다른 사람에게 도움을 준다. 버스 기사는 자신의 일을 할 뿐이지만 승객들을 회사에, 학교에, 상점에 데려다줌으로써 사회에 기여한다. 그래서 슈마허는 "좋은 노동의 목적은 이웃에 대한 봉사와 타인과의 공동적인 노동을 통해서 우리의 자아를 타고난 자기중심성으로부터 벗어나게 하는 것"이라고 했다. 그런데 오늘날 노동은 흔히 생존을 위한 경쟁수단으로만 인식될 뿐이다. 그 결과 이윤을 위해서는 다른 사람의 생명도 무시될 수 있다는 생각이 사회에 만연하고 있다.

셋째, 인간은 노동을 통해서 하나님이 창조하신 세상을 더 아름답고 생기 있게 만들어간다. 오늘날 생태계의 위기, 수많은 동식물이 멸종하는 현실에 직면해서 노동을 통한 자연과의 화해는 우리 인류에게 부과된 커다란 과제다. 하나님은 이 세상을 창조하신 다음 인간에게 만물을 다스리고 관리하라고 하셨다. 그러나 인간은 이 세상의 주인이 아니다. 인간은 이 세상을 오염시키고 짓밟을 권리가 없다. 인간은 하나님이 창조하신 세상을 깨끗하고 아름답게 유지할 책임을 부여받았을 뿐이다. 인간은 땅과 동물, 광물과 지하자원, 식물과 미생물의 관리를 위임받은 청지기임을 기억해야 한다. 아름다운 창조 세계를 파괴하고 오염시키는 행위는 아무리 생산성이 높은 활동이라고 해도 정당한 일이 될 수 없다. 그렇다면 과연 좋은 일이란 어떤 것일까?

우리가 하는 일의 평가 기준은 생산성이나 그 일을 통해서 얻게 될 이익이 될 수 없다. 일의 평가 기준은 다음과 같은 것이 되어야 한다.

- 그 일을 통해 얼마나 삶의 기쁨을 누리고 인격이 성숙해졌는가?
- 그 일이 사회에 어떤 좋은 영향력을 끼쳤는가?
- 내가 한 일로 사람들이 빈곤해지고, 불행해지지는 않았는가?
- 내가 한 일로 다른 사람이 편안해지고, 감사할 수 있게 되었는가?
- 내가 한 일이 사회의 공동선에 기여했는가?
- 자연을 더 생기 있게 만들고, 깨끗해지게 했는가?
- 내가 한 일 때문에 세상이 조금이라도 더 살기 좋게 되었는가?

일이란 이 세상을 창조하시고 가꾸시는 하나님의 일에 동참하는 거룩한 활동이다. 하나님이 일하신다. 그러므로 우리도 일한다.

# 장금 아가씨

MBC 드라마 〈대장금〉이 유선 방송에서 재방영되고 있다. 화면에는 장금이 전염병 두창에 걸린 거지 취급을 받는 가난한 아이들을 치료하기 위해 애쓰는 모습이 나온다. 궁중에 들어가서 두창에 걸린 경원 대군을 치료하기 위해 이런저런 치료방법을 시도해 보면서 궁중 의녀들과 땀을 흘리는 장금의 모습이 아름답다. 장금 아가씨의 갈색 눈동자를 들여다보고 있으면 그냥 마음이 따뜻해지고 행복해진다. 장금의 헌신적인 치료로 왕자는 건강을 회복하게 되어 왕실 관계자들이 모두 좋아하는 모습이 보인다. 그런 속에도 궁중의 대신들이 정치적 계산을 하며 사태를 유리하게 이끌어가려는 모습이 옛날이나 오늘이나 정치계는 비슷함을 보여준다. 정쟁 한가운데서 장금에게 의술을 가르쳐준 왕실 내의원 신익필이 중종에게 아뢴다. 이 글을 쓰면서 신익필이 말한 내용이 정확히 기억이 나지 않아 인터넷을 통해 대본을 확인해 보았다.

신익필: 저와 내의원 모든 의관과 의녀들은 전하의 뜻을 받들겠나이다.
중종: 연유가 무엇인가?
신익필: 저는 사적으로 의녀 장금의 스승이 되옵니다. 그럼에도 불구하고 의녀

장금의 지휘를 받겠다는 뜻은 의녀 장금이 가진 의원으로서의 자세이옵니다. 의녀 장금의 의술은 어머니의 그것과 같았습니다. 자식을 살리기 위하여 자신의 몸을 돌보지 않는 것이 같았으며 …… 자식을 낫게 하기 위해 희망을 불러일으키고 사람들을 하나로 뭉치게 하는 것이 같았습니다. 내의원 의관들과 의녀들은 이미 실질적으로 의녀 장금의 지휘 하에 어느 누구도 불평하지 않고 대군마마의 병을 고칠 수 있다는 신념하에 움직였습니다.

어머니 같은 지도력! 신익필은 장금이 어머니 같은 지도력을 보여주었다고 아뢰었다. 그렇다! 장금은 어머니의 심정으로 사랑과 헌신을 보여주었다. 스스로 희망을 포기하지 않았을 뿐 아니라 사람들에게 희망을 불어넣음으로써 사람들을 하나로 뭉치게 했다. 그녀는 공동체와 생명에 대한 깊은 헌신과 책임감을 보여 주었고 그래서 사람들을 감동시키고 하나가 되어 좋은 일에 참여하게 만들었다. 분열과 적대감만을 불러일으키는 우리 시대 잘난 남자들의 지도력과는 얼마나 다른가? 드라마를 보면서 장금의 스승인 신익필을 본받고 싶었다. 신분과 지위가 아니라 인격과 살아가는 모습으로 사람을 평가하고 옳은 것을 인정하고 받아들이는 그의 열린 마음과 겸손한 자세가 참으로 아름다웠다.

드라마 〈대장금〉은 장금 아가씨가 나중에 사랑하는 사람과 행복하게 살게 되는 것으로 결말에 이른다. 그러나 우리의 현실은 그렇게 행복한 설말로 이어지지 않는 것이 보통이다. 그런 의미에서 예수님의 이야기는 우리의 현실을 더 잘 보여준다. 예수님은 하나님 나라를 선포하고 생명에 대한 깊은 사랑과 희생을 보여주셨다. 그분은 어머니 같은 심정으로 사람들에게 다가가고 그들을 위해 자신의 몸을 바쳤다. 우리가 아는 대로 예수님은 당시 지도자를 자처하는 사람들에 의하여 고난을 당하고 결국 십자가에 처형되셨다. 그러나 사랑은 죽음 한가운데서 새로운 생명의 힘으로 솟아났다. 주님의 부활은 거짓, 오만, 탐욕, 미움이라고 하는 죽음의 세력이 진실, 겸손, 희생, 사랑이라고 하는 생명의 힘을 이길 수 없다는 사실을 보여주었다. 그래서 우리는 어지러운 현실 한가운데서도 희망을 가질 수 있다. 고난받는 종의 모습으로 짧은 생애를 사셨던 예수님의 모습과 장금 아가씨의 예쁜 모습이 겹쳐지며 스쳐간다.

# 좋은 질문의 힘

사람은 답을 모르기 때문에 비인간화되는 것이 아니라 참으로 중요한 질문을 던질 용기와 분별력을 잃어버릴 때 비인간화된다.

-밀리오리

바른 대답보다 적절한 질문이 중요할 때가 많다. 많이 배운 사람, 똑똑하다는 사람이 부끄러운 일을 저지르는 것은 어떻게 살아야 하는지 그 답을 몰라서가 아니라, 그 순간에 마땅히 해야 할 질문을 하지 않기 때문이다.

그렇다. 때로는 답보다 질문이 중요하다. 그러나 모든 질문이 좋은 것은 아니다. 어떤 사람은 책임을 회피하려고 질문하고, 어떤 사람은 상대방을 비난하고 궁지에 몰아넣으려고 질문한다. 그런 질문은 누구에게도 유익을 주지 못한다. 그러나 좋은 질문은 삶을 변화시키는 힘이 있다. 삶이 바뀌려면 질문이 바뀌어야 한다. 하나님을 믿는 사람은 질문이 더 좋은 것으로 바뀌어야 한다. 어떤 질문을 갖고 살아야 할까? 예수님이 말씀하셨다.

그러므로 염려하여 이르기를 무엇을 먹을까, 무엇을 마실까, 무엇을 입을까 하
지 말라. 너희는 먼저 그의 나라와 그의 의를 구하라.

마태복음 6:31, 33

어느 날 제자들이 길을 가다가 날 때부터 맹인이 된 사람을 보고
예수님에게 질문했다.

"이 사람이 맹인으로 난 것이 누구의 죄로 인함이니이까 자기니
이까 그의 부모니이까?"(요 9:2)

제자들은 통념에 따라 상투적인 질문을 했다. 그들은 불행의 원
인을 물었던 것이다. 그러자 예수님은 제자들에게 질문의 방향을
원인에서 목적으로 바꾸어 보라고 하셨다.

단지 질문의 방향을 바꿈으로써 어둡고 우울했던 자신의 삶을 희
망과 긍정의 삶으로 변화시킨 한 사람의 이야기를 들려주고 싶다.
세계적인 오페라 가수인 비벌리 실즈(Beverly Sills, 1929-2007)의
이야기다. 그녀는 첫딸을 낳고 충격에 빠졌다. 오 마이 갓! 딸은 엄
마의 부드러운 음성, 엄마의 아름다운 노래를 들을 수 없는 청각장
애아였다. 사랑하는 딸을 바라보는 그녀의 마음이 어떠했을까? 얼
마 후 그녀는 다시 아이를 갖게 되었다. 건강한 아이를 기대했는데
안타깝게도 둘째아이는 정신박약아였다. 너무나 슬프고 마음이 아
파 그녀는 일 년간 무대에 서지 않았다.

그러던 어느 날 그녀는 다시 노래를 부르기 시작했다. 다시 활동
을 시작한 비벌리 실즈를 보고 친구들은 놀랐으며, 그러한 슬픔과
아픔을 어떻게 극복할 수 있었는지 궁금해했다. 무엇이 실즈를 다

시 무대에 설 수 있게 했을까? 그녀는 친구들에게 자신의 이야기를 들려주었다.

어느 날 그녀의 질문이 달라졌다는 것이다. 처음에는 "왜 내게 이런 불행이 닥쳤을까?"라는 질문을 자주 했다고 한다. 누군들 그런 질문을 하지 않겠는가? 그런데 그런 질문을 하면 할수록 그녀는 더 슬프고 고통스러웠다. 그런데 그렇게 창문마다 커튼을 치고 어둠 속에서 우울하게 지내던 어느 날 그녀의 질문이 바뀌었다.

"내가 이 아이들을 위해서 어떻게 살아야 하나?"

"이 아이들을 위해 내가 무엇을 해야 할까?"

처음에 가졌던 "왜 내게 이런 불행이?"란 질문이 "내가 이 아이를 위해서 어떤 엄마가 돼야 할까?"라는 질문으로 방향이 바뀌자 변화가 일어났다. 내 불행에서 눈을 돌려 다른 사람의 아픔과 슬픔에 마음을 기울이자 삶을 보는 눈이 달라지고 삶을 대하는 태도가 달라졌다. 좋은 질문은 이렇게 우리의 삶을 변화시킬 수 있는 힘이 있다.

# 목사의 질문

목사는 어떤 질문을 하며 살아야 할까? 어느 날 머리에 떠오르는 대로 적어 보았다.

- 어떻게 하나님의 얼굴을 보여줄 수 있을까?
- 어떻게 하나님의 심장을 느끼게 할 수 있을까?
- 어떻게 병든 소원을 가진 사람들에게 좋은 소원을 갖도록 영향을 줄 수 있을까?
- 어떻게 새로운 방식으로 세상을 보게 할 수 있을까?
- 어떻게 목사 스스로 그리스도인의 길에서 초보자라는 사실을 잊지 않을 수 있을까?

설교할 때 목사들이 가진 임무 가운데 하나는 예수의 이야기에 비추어 우리의 삶을 다시 말해 주는 것이다. 그렇게 함으로써 보통 사람들이 구원이라는 대 드라마 속에 사로잡혀 그들의 삶을 고쳐 쓰고, 또 몰두하게 하는 것이다.

- 윌리엄 윌리몬

# 생각대로



TV에서 자주 보던 광고다. 생각대로 된다고? 생각대로 하면 된다? 얼마나 간단하고 편한가! 그렇게만 할 수 있다면 얼마나 좋겠는가! 정말 생각대로, 그저 생각대로 하기만 하면 되는가?

몇 년 전『시크릿』이란 책이 많이 팔렸다. 내용은 아주 간단하다. 우리의 소망을 이루기 위해서는 우주의 숨겨진 힘을 사용하라는 것이다. 그러면 우리가 간절히 생각하고 원하는 그것이 이루어진다는 것이다. 만약 당신이 부자가 되고 인기를 얻고 싶다면, 그것에 대해 간절히 원하고 계속 생각하라! 그러면 그 꿈은 반드시 이루어질 것이다.

TV에서 광고가 끝나면 드라마가 전개된다. 어리석고 악한 생각을 하며 살아가는 사람들의 독한 말과 표정이 화면에 가득하다. 현실은 드라마보다 더 악하고 추할 때가 많다. 자기 '생각대로' 하겠다는 사람들의 욕심과 집념 때문에 사람들이 망가지고 있다.

생각대로? 생각대로 하면 된다? 실제로 많은 경우 생각대로 된다. 그러므로 무슨 생각을 하느냐가 참 중요하다. 좋은 생각을 해야 한다. 스티븐 코비는 이런 말을 들려준다.

> 우리의 삶이 행복하고 위대해지려면 우리의 생각과 삶이 영원하고 보편적인
> 원칙과 조화를 이루어야 한다.

그가 말한 보편적인 삶의 원칙은 겸손, 공감, 아량, 진실, 인내, 균형과 같은 미덕이다. 코비가 그런 말을 하기 전에 하나님은 우리에게 이렇게 말씀하셨다.

> 즐거운 날을 보내고 행복하게 오래 살고 싶으면 이 말을 잘 들어야 할 것입니다. 먼저 여러분은 나쁜 말을 하지 말고, 거짓말을 하지 말아야 합니다. 나쁜 길에서 돌아서서 착하게 살고 평화를 사랑하고 이웃과 사이좋게 지내야 합니다.
> 시편 34:12-14, 쉬운성경

하나님은 우리 인생들이 평화롭고 행복하게 살기를 원하신다. 그래서 하나님은 사랑, 진실, 용서, 겸손, 배려, 인내와 같은 삶의 원칙을 우리에게 주셨다. 그런 원칙이 우리 생각에 배어 있으면 생각대로 해도 된다. 그러나 탐욕, 미움, 거짓, 교만이 우리의 생각을 지배하고 있다면 생각대로 사는 것처럼 위험하고 불행한 일은 없다. 그래서 예수님은 먹고 입는 문제로 생각이 가득한 우리에게 "너희는 먼저 하나님의 나라와 하나님의 정의를 구하라"고 하셨다.

# 새로운 나를 보고 놀라다

김산춘 신부가 『감각과 초월』이란 책에서 가지마 쇼조(오지마 쇼조가 아니다^^)라는 일본 시인의 글을 소개했다.

가지마 쇼조는 초등학교 시절 미술 선생님에게 비웃음을 받은 후 한 번도 붓을 들지 않았고, 시도 젊은 시절에 조금 쓰다 말았다고 한다. 그러던 그가 50대가 되어서 그림을 그리고, 60대에 다시 시를 쓰기 시작했는데, 그 후 시집도 내고 개인전도 열었다고 한다. 그는 지금의 이런 자기 모습을 바라보는 젊은 시절의 자기 시선을 통해 삶을 이렇게 관조했다.

만년에 이르러 시를 쓰고 그림을 그릴 수 있게 되었다는 것, 이것은 내가 이전에 전혀 예기치 못했던 기쁨이었다. 옛 자신이 놀란 눈으로 새로운 나를 보고 있고, "자네 정말인가?" 하고 중얼거려보기도 한다. … 해질녘 논둑길을 홀로 걸어 돌아올 때 새로운 자신을 보고 있는 옛 자신을 느낀다. 늙는다는 것은 새로운 자신과 계속해서 만나는 일이다.

몇 년 전 고등학교를 졸업한 지 40년 만에 친구들을 만났다. 10대 후반에 헤어져 50대 후반에 만나게 되니 주름진 얼굴, 비대해진

체구에서 교복 입은 해맑은 소년의 모습을 찾기란 쉽지 않았다. 그러나 이야기를 나누는 가운데 옛 모습이 조금씩 보이기 시작했고, 예상했던 대로 여전히 성실하게 살아가는 친구, 왜 저렇게 변했을까 싶을 정도로 실망을 주는 친구도 있었다. 또 기대 이상으로 좋게 변한 친구, 그럴듯한 사회적 지위에 있지는 않더라도 주변 사람에게 진심어린 사랑과 존경을 받으며 살아가는 친구도 보였다. 나는 친구들에게 어떤 모습으로 비쳐졌을까?

친구들을 만난 후 6년이 흘러 이제 은퇴를 눈앞에 두고 있다. 은퇴 후 10년쯤 흘렀을 때 나는 어떻게 변해 있을까? 그때 나의 모습은 사람들에게 어떻게 비쳐질까? 그것은 그동안 내가 어떤 생각을 하고, 어떻게 살아가느냐에 달려 있을 것이다. 나이 듦에 상관없이 언제나 순간순간 새로운 나를 보고 놀랄 수 있으면 좋겠다. 가지마 쇼조처럼 "늙는다는 것은 새로운 자신과 계속해서 만나는 일이다"라고 말할 수 있으면 좋겠다.

# 아름다운 사람

나이가 드니까 젊은이는 모두 아름답고 예뻐 보인다. 강의실에서 만나는 학생들은 모두 예쁘다. 그래서 젊은 것이 아름답다고 내 나름으로 정의를 내린다. 「로마의 휴일」이란 영화를 본 사람은 기억하고 있을 것이다. 스물한 살의 오드리 헵번이 주연으로 나왔는데, 당시 그녀는 얼마나 상큼하고 아름다웠던가! 그런데 그녀는 얼굴만 아름다운 것이 아니었다. 그녀는 나이가 들어서도 헌신적인 봉사활동으로 아름다운 삶을 보여주었다.

어떤 사람이 아름다운 사람인가? 사랑의 능력, 소통하는 능력, 아픔을 아는 사람이다. 어떻게 아름다움을 간직할 수 있을까? 오드리 헵번이 세상을 떠나기 전 해인 1992년 크리스마스이브에 아들 손에게 들려준 말에 그 비결이 담겨 있다.

매혹적인 입술을 갖고 싶으면, 친절한 말을 하라.
사랑스러운 눈을 갖고 싶으면, 다른 사람의 좋은 점을 보아라.
날씬한 몸매를 갖고 싶으면, 네 음식을 배고픈 사람들과 나눠라.
윤기 나는 머리카락을 갖고 싶으면, 하루에 한 번 아이의 손으로 쓰다듬게 하라.
아름다운 자세를 갖고 싶으면, 네가 결코 혼자 걷지 않을 것임을 명심하면서 걸어라.

그리고 다음 내용도 기억하고 싶다. 그녀가 다른 사람의 말을 인용하여 아들에게 해 준 말이라고 한다.

기억하라,
만약 네가 도와줄 수 있는 손이 필요하다면,
너의 팔 끝에 달린 손을 이용해라.
네가 더 나이를 먹는다면, 너의 손이 두 개란 걸 알게 될 것이다.
한 손은 너 자신을 위한 손이고, 다른 한 손은 남을 위한 손이다.

괴테는 아름다운 소녀를 보고 이렇게 말했다고 한다.
"잠깐만 머물러다오. 당신은 너무 아름답습니다."
괴테는 소녀의 빛나는 아름다움을 보면서 스러져가는 아름다움을 아쉬워했다. 그러나 우리는 청춘의 순간에 머물러 있지 않아도 아름다운 사람이 될 수 있다. 나이가 들어 얼굴에 윤기가 사라지고 주름이 가득할지라도, 우리는 아름다움을 유지할 수 있다.

아우구스티누스는 사랑의 하나님을 아름다움이라고 불렀다. 우리가 하나님의 아름다운 모습을 따라 친절한 말을 하고, 다른 사람의 좋은 점을 보려고 하고, 우리 음식을 다른 사람과 나누고, 아이들의 존경과 사랑을 받고, 인생을 다른 사람과 함께 걸어가고 있다면 우리는 나이가 들어도 여전히 아름다운 사람이다.

# 내 눈에는 희망만 보였다

강영우 박사가 쓴 『내 눈에는 희망만 보였다』를 읽었다. 강영우 박사는 이 책이 출판되고 난 얼마 후에 하나님의 부르심을 받았다. 생각해 보면 살아가면서 얼마나 힘들고 암담한 순간이 많았을까? 어찌 강영우 박사의 눈에 희망만 보였겠는가? 상심하고 좌절한 때가 왜 없었겠는가? 어찌 눈앞이 캄캄할 정도로 절망스러운 때가 없었겠는가? 그러나 그 분은 고백한다. 내 눈에는 희망만 보였다고.

책 표지에 소개되어 있듯이 강영우 박사는 장애를 축복으로 만들었다. 그 분은 자신의 지나온 삶을 돌아보면서 장애는 인생의 걸림돌이 분명하지만, 그렇다고 장애가 인생의 장애물로만 존재하는 것은 아니었다고 회상한다. 암에 걸려 죽음을 눈앞에 둔 상황에서 그 분은 지나온 삶을 감사함으로 받아들인다. 시각장애인으로 살아온 모든 것이 축복이라고 말하며 행복하다고 고백한다. 더 이상 희망이 없다고 생각하는 사람들에게 자기가 본 희망을 보여주고 싶다고 한다. 그래서 이 책이 세상에 나왔다.

강영우 박사의 다른 저서를 읽은 사람들은 이미 알고 있는 내용을 곳곳에서 발견할 것이다. 그러나 그것이 책의 중요성을 감소시키는 것은 아니다. 도리어 그 분이 들려주고 싶어 하는 가장 중요한 내용을 모아 놓았다는 점에서 이 책은 특별한 책이다. 덤으로 우리는 이 책 2장에서 장애를 축복으로 만든 다양한 사람들의 아름다운 삶을 만날 수 있다. 그 분들이 보여준 삶을 읽다가 보면 장애물을 극복하는 데는 참으로 여러 가지 길이 있음을 발견하게 된다.

강영우 박사의 삶을 보여주는 단어가 '장애'라면, 그 장애를 축복으로 만든 단어는 무엇일까? 그 분이 들려주는 이야기에서 나는 다음 몇 가지 단어를 주목하게 된다.

첫 번째 단어는 '믿음'이다. 강영우 박사는 하나님이 한쪽 문을 닫으시면 반드시 다른 한쪽 문을 열어주신다는 사실을 믿었다. 그는 하나님의 인도를 믿었기 때문에 다시 희망을 갖고 일어날 수 있었고, 지치지 않고 달려갈 수 있었다. 그래서 그 분은 인생에서 진짜 문제는 육체의 장애가 아니라 믿음의 장애라고 한다.

두 번째 단어는 '사랑'이다. "앞으로 평생 시각장애인으로 살아야 한다는 사망선고와 같은 소식을 듣고 절망했던 그 옛날" 그를 찾아와 도움을 준 사람들이 있었다. 강영우 박사는 이렇게 말한다.

"이후의 학비는 하나님께서 보내주신 여러 인간 천사들을 통해 채워주기 시작하였다."

그 천사 중에 한 분이 항상 옆에서 사랑으로 함께 해 주었으니, 그 분은 바로 사모님인 석은옥 씨다. 사랑을 받음으로 그는 장애를 축복으로 만들 수 있었다.

세 번째 단어는 '감사'다. 이 책의 마지막 장의 제목은 "축복받은 삶, 감사합니다"이다. 암에 걸려 죽음을 앞둔 사람, 강영우 박사는 일생을 회고하면서 아름다운 삶을 살도록 도와준 사람들에게 감사하고 그들을 축복한다. 그 분은 에필로그에서 자신의 심경을 이렇게 술회한다.

나는 지금 담담하게 하나님이 나에게 선물로 주신 나머지 시간에 감사하고, 사랑하는 사람들과 함께 하루하루를 행복하게 웃으며 지내고 있다.

# 혜민 스님

TV 채널을 이리저리 돌리다가 〈두드림(Do Dream)〉이란 프로그램을 보게 되었다. 처음부터 보지 않아서 정확한 것은 모르겠지만 하버드대학을 나와 어느 대학에서 교수로 있는 혜민 스님이 초대 손님이었다. 젊은 스님이 잘생겼다. 옆에 있는 이장호 감독이 혜민 스님에게 '너무 잘생겨 슬퍼 보인다'고 한다. 나도 예전에 가톨릭 신학교 도서관에서 검은 옷을 입은 젊은 예비 사제들을 보면서 까닭 모를 슬픔을 느꼈던 생각이 났다. 그들이 겪어야 할 번민과 고뇌 때문이었을까?

혜민 스님의 짧은 강의가 있은 후 이런저런 이야기를 나누는 식으로 내용이 전개되었다. 그 분이 말한 내용 가운데 지금 생각나는 몇 가지를 여기에 올린다.

1. 모든 사건과 경험에서 깨달음을 얻을 수 있다.

내가 보기에 뭐 거창한 깨달음, 불교에서 말하는 근원적인 깨달음을 말하는 것은 아니다. 무슨 일에서나 어떤 교훈, 삶의 지혜를 얻을 수 있다는 말인 것 같다. 사실 나도 그런 생각을 많이 한다. 그런 깨달음을 얻도록 교인들에게 설교할 때도 많다.

2. 다른 사람은 각자 자기 문제에 관심이 많을 뿐 나에 대해서 관심이 없다. 그러므로 다른 사람이 어떻게 생각할지 너무 신경 쓸 필요 없다. 다른 사람의 시선에서 자유로워라.

자기가 하고 싶은 것을 하면서 살라는 말인 것 같다.

3. 사람들은 잃은 것을 생각한다. 그러나 잃은 것이 있으면 얻은 것도 있다.

이 말은 스님이 되어 얻은 것과 잃은 것이 무엇인지 질문을 받고 한 말이다. 나는 그 분의 말을 들으며 생각했다. 결혼한 사람들은 결혼함으로 잃은 자유, 기회, 독립성 등을 아쉬워한다. 그렇지만 생각해 보면 결혼함으로 얻은 것 역시 적지 않다. 사랑하는 자녀, 안정감, 아플 때 함께 걱정해 주는 아내 혹은 남편의 위로와 평안 등등.

4. 삶에서 가장 중요한 것, 우리가 근본적으로 깨달아야 할 것은 사랑이다. 서로 사랑해야 한다. 그리고 모두가 일체라는 것을 깨달아야 한다.

그 분은 이렇게 말했다.
"내가 당신 안에 있고, 당신이 내 안에 있다. 우리는 하나다."
그 분이 하려고 한 말을 내가 정확하게 기억하여 풀어놓았는지 모르겠다.
기독교에서 가르치는 것도 그 분이 말한 것과 비슷하다. 사랑이 삶의 바탕이요 비밀이다. 그런데 기독교는 사랑을 보는 관점이 불교와 조금 다르다. 기독교에서 사랑은 하나로 통일되는 것, 그래서 너

와 나의 다름이 해소되는 것이 아니라 차이와 다름이 사랑의 조건
이다. 인간은 더불어 사는 사귐의 존재다. 그런데 사귐과 사랑이 가
능하려면 공동체성과 함께 개체의 독립성과 정체성이 동시에 요청
된다. 우리 인간은 물방울처럼 강과 바다에 흡수되는 운명이 아니
라 사랑하고 사랑받는 존재로서 공동체를 이루게 될 것이다. 하나님
은 우리를 흡수해버리는 것이 아니라 우리를 있는 그대로 인정하고
자신과 사귀자고 하신다. 건강한 부부는 어느 한쪽에 흡수되는 것이
아니라 각자 정체성이 유지되는 가운데 서로 신뢰하고 사랑한다.

혜민 스님의 말을 들으면 불교는 매우 합리적인 종교이고, 이성적
인 가르침을 주는 종교라는 생각을 했다. 곰곰이 생각하면 모두 맞
는 말이다. 그 분의 말은 매우 설득력이 있었다. 그러므로 그렇게 합
리적으로 생각하는 사람들에게 기독교의 역설, 복음의 엄청난 역설
은 당연히 납득할 수 없는 주장일 것이다. 기독교는 하나님이 인간
의 이성이란 그릇에 담길 수 없다는 점을 수용한다. 우리는 십자가
에 달린 하나님, 인간의 한계와 아픔을 수용한 이상한 신을 믿는다.
그리스도인은 신화가 현실이 된 하나님 이야기를 믿는 사람들이다.
그리스도인은 하나님의 은혜를 깨닫고 경험하고 감사하는 사람들
이다.

# 소명은 되어 주는 것

사람들은 존경받는 사람, 높은 지위에 있는 사람이 되고 싶어 한다. 그러나 자신이 다른 사람에게 어떤 존재가 되어주어야 하는지에 대해서는 별로 생각하지 않는다. 나는 몇 년 전에 어떤 학생이 제출한 과제물을 읽고 그 내용에 깊이 공감했다. 그 학생은 소명이 무엇인지 나에게 일깨워주었다. 그때 얻은 깨달음을 함께 나누고 싶다.

성모님의 소명은 단순히 아기를 낳는 것이 아니었습니다. 구세주의 어머니가 되셔야 했습니다. 소명은 무엇이 '되는 것'이 아니라 누군가에게 무엇이 '되어 주는 것'입니다. ……우리가 일생토록 간절히 원하던 일을 성취하고도 만족하지 못하는 대부분의 이유는 '되어주는 삶' 보다 '되는 삶'에 목표를 두기 때문입니다. 교사가 되고, 의사가 되고, 변호사가 되는 것, 그 자체가 우리 삶의 목표일 수는 없습니다. 의사로서 가난하고 병든 이들의 벗이 되어줄 때, 교사로서 갈등하고 방황하는 학생에게 빛과 힘이 되어 줄 때에 비로소 직업이라는 말을 벗고 소명을 다하는 것입니다. 성직자가 되는 것, 수도자가 되는 것, 결혼을 하는 것, 그 자체가 우리 삶의 목표는 아닙니다. 주님의 종이 되어드리는 것, 그리스도의 반려자가 되어드리는 것, 모든 이에게 참다운 이웃이 되어주는 것, 소중한 한 사람의 배우자가 되어주고, 부모가 되어주는 것, 그것이야말로 나에게 생명이 되어주신 하느님의 은총을 입고 내가 이 세상에 태어난 이유라 할 것입니다.

　그 학생의 글을 읽고 나는 성경 이야기를 다시 한 번 그 글에 비추어 해석해 보았다. 선한 사마리아인의 비유는 내 이웃이 누구냐고 묻는 어떤 율법사의 태도를 고쳐주기 위하여 예수님이 해 주신 이야기다. 예수님은 비유를 말씀하신 후에 "네 생각에는 이 세 사람 중에 누가 강도 만난 자의 이웃이 되겠느냐?"고 물으셨다. 그 율법사는 자비를 베푼 자라고 바르게 대답하였다. 예수님은 이웃은 객관적으로 규정할 대상이 아니라는 점을 지적해 주셨다. 그리고 어려움을 당한 사람에게 자비를 베풂으로 내가 이웃이 되어주어야 한다는 점을 일깨워 주셨다. 예수님은 이웃에 사는 것이 중요한 것이 아니라 이웃이 되어주는 것이 중요하다고 말씀하셨다.

　예수님의 말씀에 비추어 부모가 된다는 것, 스승이 된다는 것이 무엇을 의미하는지 생각해 본다. 부모나 교사의 소명은 단순히 아이를 낳거나 학생들을 가르치는 신분이 됨으로 이루어지는 것이 아님을 깨닫게 된다. 옆집에 살기 때문에 이웃이 되는 것이 아님을 알게 된다. '소명은 되어주는 것'이다. 그렇다면 나는 그동안 자녀에게 좋은 부모, 학생들에게 좋은 선생이 되어 주었을까?

# 사랑하기 때문에

연구실에서 몇 가지 일을 처리한 후 3시 30분쯤 성모병원에 입원하신 김효숙 사모님을 찾아뵈었다. 침대에서 수필집을 읽고 계시다가 나를 맞이하신다. 남편인 박영배 목사님은 함께 계시다 방금 전에 가셨다고 한다. 생각했던 것보다 사모님이 밝은 표정으로 말씀을 하시니 내 마음도 편했다. 발가락에 균이 들어가 급하게 부어올라 입원을 하셨다고 한다.

침대 옆에 앉아 이런저런 이야기를 했다. 병상에 계신 사모님이 오히려 남편을 걱정하신다. 갑자기 입원을 하게 되어 찬거리도 미처 준비하지 못했는데, 남편 혼자 식사를 어떻게 할지 마음이 불편하다는 것이다. 남편을 사랑하는 아내의 애틋한 사랑이 느껴졌다.

아내에게 전화를 하니 병원에서 물리치료를 받고 있다고 하여 혼자 올 수밖에 없었다고 사정을 말씀드렸다. 사람마다 약한 부분이 있는데 아내는 관절이 약하다고 걱정을 했다. 내 이야기를 들으신 사모님이 말씀하신다.

부부는 함께 건강해야 해요. 부부 가운데 한 사람이 약하면 강한 쪽이 약한 사람 수준에 맞추어 살 수밖에 없어요. 그게 부부예요.

나도 공감을 표하며 최근에 있었던 이야기를 했다.

맞아요. 저는 다리가 튼튼해서 웬만한 험한 산도 오를 수 있지만 아내가 감당하기에 어려운 산은 올라가지 않습니다. 아내는 무릎이 약하거든요. 그래서 우리 부부는 평지나 완만한 경사길 정도를 함께 걷습니다. 그런데 지난주에는 조금 험한 산을 올라가게 되었습니다. 걱정이 되어서 아내에게 남아 있으라 하고 혼자 올라갔다 내려오는데, 아내가 그 험한 산을 거의 다 올라와버렸습니다. 그때 무리한 탓에 아내가 지금 병원에서 치료받고 있습니다. 그때 아내 수준에 맞게 적당히 오르고 내려왔어야 했는데! 제가 욕심을 부린 것이 문제지요.

나는 어떤 이야기를 들으면 신학적으로 해석하는 버릇이 있다. 그것도 일종의 직업병이라고 할까?

인간은 하나님의 수준에 맞출 수 없다. 그런데 하나님은 우리 인간과 함께 걷고 싶어 하신다. 하나님과 인간이 어떻게 함께 걸을 수 있을까? 그래서 하나님이 예수 그리스도 안에서 인간의 수준으로 내려오셔서 함께 걷기를 결정하셨다. 사랑 때문에! 사랑하기 때문에! 그렇다. 사랑은 내려가게 한다. 예수 그리스도를 통해 나타난 하나님의 사랑은 그 진리를 보여준다.

우리는 그 진리를 사랑하는 사람의 모습에서도 확인한다. 엄마는 언제나 아기의 눈높이로 내려온다. 울음소리, 찡그린 표정에서 아기의 마음을 읽고 문제를 해결해 준다. 아기에 대한 지극한 사랑 때문이다. 그런데 사람들은 보통 위에 서서 아래 있는 사람이 빨리 올라오지 않는다고 짜증을 부린다. 너는 왜 그 모양이냐고 화를 낸다.

어떤 부부는 서로 상대방을 탓하며 싸운다. 내려와 주지 않는다고
원망하고, 올라오지 못한다고 무시한다. 사랑이 없기 때문이다. 사
랑이 내려가게 한다. 사랑이 함께 걷게 한다.

# 박진영 씨

나는 박진영 씨가 가수라는 것 이외에 아는 것이 별로 없다. 그가 어떤 노래를 불렀는지도 모른다. 그런데 어느 날 〈K-POP STAR〉라는 프로그램에서 심사하는 그의 모습을 보면서 음악에 대한 사랑과 열정이 대단한 사람이라는 생각이 들었다. 그리고 그의 독특한 표정을 보면서 엉뚱한 질문을 갖게 되었다.

"무엇이 저런 표정을 가진 얼굴을 만들었을까?"

어제(2012년 4월 30일, 월요일) 박진영 씨가 SBS 〈힐링 캠프〉라는 프로그램에 출연했다. TV에 비친 박진영 씨의 하루 일과는 수도사 같았다. 그는 음악에 감화되어 기쁜 마음으로 수행에 힘쓰는 음악의 수도사다.

프로그램이 절반 쯤 진행되었을 때 문득 그의 찡그린 애매한 표정이 어디에서 비롯되었는지 깨달았다. 내가 볼 때 그의 독특한 표정은 두 개의 원천에서 발원한 것 같다. 그 하나는 더 좋은 음악을 만들기 위한 책임감이다. 책임감에 따르는 불안과 걱정이 주름을 이루어 흘러내렸다. 그리고 다른 하나는 음악이 주는 희열이다. 그러니까 책임감이 주는 고통과 음악이 주는 희열이 교차하면서 그런

독특한 얼굴을 만들어 냈다고 생각했다.

〈힐링 캠프〉에 출연한 박진영 씨를 보고 어떻게 그를 알았다고 할 수 있을까? 어쩌면 TV에 비친 이미지는 실제 모습과 많이 다를 수 있다. 그러나 1시간가량 본 내용을 근거로 나는 이런 생각을 하게 되었다. 지금 우리 사회에서 누가 박진영 씨처럼 자기가 하는 일에 대하여 뜨거운 열정과 깊은 책임감을 갖고 있을까? 누가 그처럼 자기 일을 사랑하고 자기가 하는 일에 긍지를 갖고 있을까? 누가 그처럼 치열하게 살고 있을까?

내가 발견한 그의 삶에서 찾을 수 있는 키워드(key word)는 다음과 같다.

자기관리 - 그는 가수이자 작곡가로 팬들에게 더 좋은 음악을 들려주고 보여주기 위해 철저하게 자신을 관리한다. 건강을 유지하기 위해 음식, 운동, 하루 일정을 세심하게 챙긴다. 나태한 마음이 들 때면 수많은 관중이 운집한 사진을 보면서 그들의 기대를 생각하고 다시 마음을 다잡는다. 과음으로 엉망이 되면 자신에게 경고를 보내고 벌을 주는 의미에서 1달, 6개월, 1년간 금주를 명하고 실천한다.

책임감 - 그는 자신이 하고 있는 일이 어떤 것인지 알고 있다. 그는 음악에 대해서, 팬들에 대해서 그리고 자신이 데리고 있는 가수들에 대해서 깊은 책임감을 느끼고 있다. 노래만 잘 부르는 가수가 되지 않게 하기 위해 가수들에게 책을 읽히고 영어를 가르치고, 심지어 성 교육까지 시킨다고 한다. 가수는 배우와 달라서 인기가 없어지면 할 일이 없다는 것을 그는 알고 있다. 그는 소속사 가수들의 인생이 불행해지지 않기를 바란다. 소속사 가수들이 어떤 인간이 되고 어떻게 살아야 하는지 자신의 삶을 통해 보여주고 싶어 한다. 그래서 더 치열하게 산다.

성장 - 성장하는 사람은 삶의 목표가 거듭 재설정된다. 어린 시절 그는 궁극적 목표를 자유에 두었다. 어떤 조건에 얽매이지 않고 음악을 하기 위하여 우선 돈으로부터 자유롭게 되는 것을 목표로 삼았다. 그리고 비교적 젊은 시절에 그 목표를 이루었다. 그 다음 목표는 명예였다. 많은 사람들이 자신의 노래에 환호하고 인정해 주는 것이 좋았다. 그러나 그는 명예와 인기에 연연하는 수준을 넘어섰다. 그는 돕고, 사랑하는 것이 얼마나 중요한지 그 가치를 알게 되었다고 한다.

자기 인식 - 그는 겸손한 사람이 되었다. 겸손한 사람이란 무조건 자신을 낮추는 사람이 아니라 자신에 대하여 바르게 인식을 하는 사람이다. 그는 자신에 대해서 새롭게 눈을 뜨게 되었다. 지금까지 자신이 세운 목표를 위하여 열심히 달려왔고 이룬 것도 많았지만 자신의 힘과 노력 때문에 이루었다고 생각하지 않았다. 자신이 이룬 것은 보이지 않는 보이지 않는 분의 손길에 의하여 마련되고 제

공되었음을 깨달았다. 그래서 그는 지금 그 분이 누구인지 찾고 있다고 한다.

아무리 다른 사람을 돕고 사랑을 베풀어도 정작 자신에게 넘치는 선물(은혜)을 주신 분을 모르면 안 된다. 그 분을 찾고, 그 분에게 늘 감사하며 사는 것이 도리일 것이다.

박진영 씨는 〈힐링 캠프〉에 출연하여 자신과 세상을 지은 분이 누구인지 알고 싶다고 한다. 보이지 않는 손길의 안내와 도움을 생각하기 때문에 감사하며 산다고 한다.

# 다산 정약용

대전광역시 서구 자치대학에서는 금요일마다 건강, 자녀 교육, 재테크, 역사, 예술 등 다양한 주제로 여러 강사를 초대하여 강의를 들려준다. 한 번은 박석무 다산연구소 이사장이 〈다산(茶山) 선생 생애에서 배우는 오늘을 사는 지혜〉를 들려주었다.

처음에는 20분이 넘게 주제와 상관없는 세상 돌아가는 이야기, 한국인의 문제점을 지적하는 이야기가 계속된 탓에 조금 실망스러웠다. 부패한 공직자, 종교 지도자, 책을 읽지 않는 국민에 대하여 걱정하는 이야기였다. 옳은 이야기다. 500여 권의 책을 쓴 다산을 배워야 한다는 점을 강조하기 위하여, 거기에 못 미치는 우리의 현실을 지적하기 위하여 그런 이야기를 했다고 이해할 수 있다. 그러나 다 아는 이야기를 그렇게 장황하게 언급할 필요는 없다는 생각이 들었다. 5분이 넘어가자 이야기를 듣는 것이 부담스러워졌다. 신문이나 TV에서 이미 보고 들은 이야기를 다시 듣고 있어야 한다니. 내가 강의를 할 경우 그렇게 하면 안 되겠다는 생각을 했다. 그러나 본론에 들어가면서 강의는 진지해졌고, 새삼 깨닫게 된 것이 많았다.

첫째, 강사의 다산에 대한 존경심과 강의 주제에 대한 열정이다. 나는 강의를 들으면서 강사의 열정에 전염이 되었다. 다산에 대해서 더 배우고 싶다는 생각을 하게 되었으며 다산의 책을 다시 읽고 싶다는 마음이 생겼다. 이것만으로도 강의는 성공했다고 말할 수 있다. 우리는 어떤 사람이나 주제에 대해서 안다고 하지만 피상적으로 알고 있을 때가 많다. 하나라도 정확하게 알고, 깊이 아는 것이 중요하다.

둘째, 위기에 처한 다산의 마음가짐과 실천이다. 다산을 총애하던 정조가 세상을 떠나자 다산은 강진으로 유배를 갔다. 강진에 도착한 다산의 첫 번째 발언이 기록에 남아 있다.

이제 나는 겨를(틈)을 얻었다. 하늘이 나에게 학문을 할 기회를 주었다. 벼슬을 하느라, 당파에 시달리느라 책도 못 읽고 저술도 못 했는데 이제부터 본격적으로 학문 연구에 몰두하자!

다산은 그곳에서 목민심서 등 여러 연구서를 집필했으며, 시를 짓고, 농어민의 참상을 기록했다. 그리고 18명의 제자를 양성했다. 그의 저술과 그가 키운 제자들의 활동으로 조선 후기의 사상과 학술 경향에 큰 변화가 일어났다.

새로운 상황을 어떤 마음으로 맞이하고 어떻게 대응하느냐가 이처럼 중요하다. 나라를 원망하고 신세를 한탄하며 세월을 보냈을 수도 있었지만 다산은 그에게 닥친 나쁜 상황을 또 다른 도약의 기회로 삼았다. 그 결과 그의 유배 생활은 나라에 보탬이 되었을 뿐 아니라 후손들이 가슴을 펴고 살게 만들었다. 유배당한 죄인의 자손이 아니라 훌륭한 저서를 남긴 대학자의 자손이 되어 떳떳하게 일할 수 있게 되었다.

# 일기 쓰는 이유

나는 원래 일기를 쓰지 않았었는데, 어느 날 일기쓰기에 대한 책을 본 후 나도 한 번 써보기로 마음먹었다. 처음에는 거의 하루도 빠짐없이 열심히 썼다. 그러나 요즘은 일기를 쓰는 일이 뜸해졌다. 물론 시작부터 그렇게 의무처럼 일기를 쓰겠다는 생각은 없었다. 그렇다고 특별한 일이 있어야 일기를 쓴다면 일 년에 한두 번이나 쓰게 될까?

아내가 베란다 앞에서 발톱이 아프다고 발가락을 살펴보면서 툭 던지듯 말을 한다.

"당신 한참 일기 안 썼지? 정말 많이 아팠어, 그치?"

사실 한동안 감기로 몸이 많이 아파 운동도 글쓰기도 모두 중단했다. 글을 쓴다는 것은 몸과 마음이 여유로워야 하는 것 같다. 일기처럼 소소한 일상에 관한 글이라도 마찬가지라는 생각이 든다. 그러나 글 쓰는 것이 직업인 작가들은 대부분 직장에서 일하듯 매일 거의 일정한 시간동안 글쓰기를 한다고 들었다. 내가 아무리 몸이 아파도 예정된 강의와 학생 면담을 계속해야 하는 것과 같다.

그건 그렇고, 나는 왜 글을 쓰는가? 왜 일기를 쓰는가?

아마도 가장 중요한 이유는 글이나 말로 드러내지 않으면 우리의 삶이나 생각이 불분명한 채 흘러가 사라지기 때문일 것이다. 그렇다면 내가 글을 쓰는 것은 깨어 있기 위하여, 나의 삶을 좀 더 분명히 의식하기 위해서라고 할 수 있다. 그러면 혹시 누가 이렇게 물을지도 모르겠다.

"삶을 분명히 의식해서 무엇 하려고?"

그러면 뭐라고 대답하지? 생각 없이 살면 사는 대로 생각하게 된다니 내 삶이 그냥 생각 없이 흘러가지 않게 하기 위해서 쓴다고 해야 하나? 생각하는 대로 살게 된다면 내 삶이 좀 더 좋아지지 않을까?

실제로 나는 글을 쓰면서 내 생각이 정리되고 구체화되는 것을 경험한다. 위에 써놓은 생각도 글을 쓰는 가운데 구체화된 것이다. 원래 오늘 일기는 이런 이야기를 쓰려고 시작한 것이 아닌데, 그냥 글을 시작하다 보니 글과 생각과 삶에 대해서 쓰게 되었다. 원래 오늘 일기에 담길 내용은 이런 이야기다.

오늘 낮에 아내와 차를 타고 돌아다녔다. 차 안에서 라디오를 켜니 오늘이 입양의 날이란다. 그런데 그 다음 계속되는 내용이 이상하다. 진행자가 버려진 개를 입양한 사람들 이야기를 한다. 개를 입양하게 된 사연을 이야기하는 청취자의 목소리도 들려준다. 오늘이 입양의 날이라는데 우리가 잘못 들었나? 오늘이 개 입양의 날인가? 나중에 길 옆 담에 걸려있는 현수막을 보니 분명히 사람 입양의 날이다. 쓸쓸했다. 입양을 했다가 마음에 들지 않거나 다른 사정이 생기면 파양을 하는 경우가 많다고 한다. 그 라디오 PD와 진행자는 입양의 날에 그렇게 할 말이 없었을까? 개 입양 이야기로 우리를 헷갈리게 하다니.

# 2장

# 빛을 머금은 이야기

말씀 듣고, 배우고, 가르치며 살았다.

우리 삶

빛에 물들어 가기를 소원하면서


여기

그 말씀 다시 길어 올려

한 모금씩 나누고 싶다.


우리 인생

빛을 머금어

아름다운 이야기가 되기를 바라면서

# 빛을 머금은 이야기

"내가 살아온 이야기를 담으려면 책 수백 권으로도 모자랄 거야"라고 말하는 분이 있습니다. 자신의 삶이 우여곡절, 파란만장한 이야기를 담고 있는 소설 같다는 말이지요. 사실 우리의 삶 자체가 하나의 이야기 아닙니까? 지금까지 살아온 세월만큼 우리는 각자 자신의 이야기를 써온 것입니다. 그리고 언제 끝이 날지는 모르지만 우리는 계속해서 이야기를 써나갈 것입니다.

여러분이 그리스도인이라면 여러분이 쓰는 삶의 이야기는 여러분의 이야기인 동시에 하나님의 이야기가 됩니다. 그런데 우리의 삶이 하나님의 이야기에 합류되면 우리의 침침했던 삶은 총천연색으로 빛을 내게 됩니다. 우리 이야기 한 조각 한 조각은 그것이 비록 보잘것없더라도 어느덧 빛을 머금은 이야기가 됩니다. 하나님의 구원을 보여주는 소중한 이야기가 됩니다. 우리의 이야기는 하나님 안에서 더 좋은 이야기가 됩니다.

그리스도인이 된다는 것은 하나님의 구원이야기에 들어섬으로, 우리가 쓰는 삶의 이야기가 하나님 안에서 더 좋은 이야기가 되는 것입니다.

그런데 많은 그리스도인들이 하나님의 이야기에 뛰어들기에는 자신이 너무 보잘것없다고 생각합니다. 괜찮습니다. 우리는 위대한 사람이기 때문에 하나님의 이야기에 들어갈 수 있는 것이 아니라 하나님의 이야기에 들어감으로써 특별한 사람이 됩니다. 누구든지 그리스도와 함께하는 하나님의 이야기에 들어가면 새로운 존재가 됩니다. 그리스도 안에 있으면 그의 삶은 빛을 머금은 이야기가 됩니다.

룻기를 보십시오. 룻기에 등장하는 인물들은 평범한 사람들이었지만, 그들은 하나님의 구원을 근간으로 하는 거대한 서사시의 핵심이 되었습니다. 우리가 아는 대로 룻기는 기근을 피해 이방 지역으로 피난 간 사람의 이야기입니다. 나오미라는 여인이 남편과 두 아들을 잃고 초라한 행색으로 고향에 돌아온 이야기이며, 룻이라는 이방 여인이 시어머니를 따라 낯선 땅에서 새로 남편을 만난 이야기입니다. 룻기가 고생 고생하다가 그럭저럭 살 만하게 되었다는 이야기라면 그런대로 재미있는 평범한 이야기로 그쳤을 것입니다.

그러나 룻기에 등장하는 사람들의 평범한 삶, 아니 고단한 삶이 하나님의 구원의 조직 속에 놓임으로 그들의 삶은 특별한 이야기가 되었습니다. 그들의 상실, 고난, 희망 그리고 사랑이 하나님의 이야기 안에서 진행됨으로 그들의 삶은 빛을 머금은 이야기가 되었습니다. 룻은 고향을 떠나온 미천한 이방인에 불과했지만 나중에 다윗왕의 증조모가 됨으로써 하나님의 구원을 보여주는 거대한 이야기의 핵심이 되었습니다. 룻기는 오늘 우리에게 하나님과 함께하는 더 좋은 이야기, 빛을 머금은 이야기를 들려주고 있습니다(룻 4:13-17).

그리스도인이 된다는 것은 이와 같이 어두웠던 삶이 그리스도를 모심으로 빛을 머금은 이야기가 되는 것입니다.

# 그리스도인의 길

그리스도인은 하나님을 믿고, 하나님께 순종하면서 하나님과 함께 길을 걷는 사람입니다. 그리스도인의 길은 어떤 길입니까? 그리스도인의 길은 하나님으로부터 시작되는 길입니다. 그 길은 하나님이 길을 열고 내게 다가오는 것을 주목하고 반응함으로써 시작되는 길입니다. 그리스도인은 우리를 향해 찾아오시는 하나님께서 우리에게 사랑과 은혜를 어떻게 표현하시는지 주목하면서 어떻게 하나님의 은혜에 감사해야 하는지를 아는 사람입니다. 이러한 그리스도인의 삶을 세상 사람들은 상상하지도 못합니다. 신학자 칼 바르트는 이런 말을 항상 했다고 합니다.

목회자들은 그리스도인의 길에서 언제나 초심자가 되어야 합니다.

아무리 설교를 잘하고 자신에게 부여된 목회자의 의무를 성실하게 수행한다고 하더라도 목회자는 언제나 그리스도인으로서 초보자일 뿐임을 잊으면 안 된다는 것입니다. 목회자로서 부름받은 사람들이 끊임없이 직면하는 위험은 자신의 역할에 충실한 나머지 직업적인 종교인이 되어 그리스도인으로서 영적인 생활을 영위하지 못하게 되는 것입니다. 세월이 가도 하나님 앞에서 어린아이와 같은 마음과 자세를 잃지 않기 바랍니다.

# 하나님이 부르시면

하나님이 부르시면 놀라운 일이 일어납니다. 이 세상 모든 것은 하나님의 부르심에서 시작됩니다.

없는 것들을 불러내어 있는 것이 되게 하시는 하나님

로마서 4:17, 표준새번역

기록된 바 내가 너를 많은 민족의 조상으로 세웠다 하심과 같으니 그가 믿은 바 하나님은 죽은 자를 살리시며 없는 것을 있는 것으로 부르시는 이시니라

없는 것들을 불러내어 있는 것이 되게 하시는 하나님께서 보장하신 것입니다.

그렇습니다. 하나님의 부르심으로 비존재가 존재가 됩니다. 그래서 그 분을 우리는 창조주라고 부릅니다. 뿐만 아닙니다. 하나님이 어떤 사람을 부르면 운명이 바뀝니다. 하나님의 부르심을 받음으로 아브라함은 만민을 위한 축복의 통로가 되었습니다. 우리는 하나님의 부르심을 받음으로 하나님의 사랑받는 자녀가 되었습니다.

하나님은 우리의 운명입니다. 하나님의 부르심에 응답하는 사람은 운명이 달라집니다. 하나님의 부르심을 받음으로 소망 없는 사람이 소망 있는 사람이 됩니다. 사랑스러운 존재가 됩니다.

사도 바울은 에베소교회 성도들이 하나님의 부르심을 받음으로 운명이 달라진 사실을 깨닫기 원했습니다. 그래서 이렇게 기도합니다.

여러분의 마음의 눈을 밝혀 주셔서, 하나님의 부르심에 속한 소망이 무엇이며, 성도들에게 베푸시는 하나님의 영광스러운 상속이 얼마나 풍성한지 알게 되기를 바랍니다.

에베소서 1:18, 표준새번역

# 하나님과 함께 춤을!

신앙생활이 무엇입니까? 하나님과 사귀는 것입니다. 하나님과 함께 춤을 추는 것입니다. 함께 춤을 추자고 우리를 부르시는 하나님의 초대에 응답하여 하나님과 함께 사랑의 춤을 추는 것입니다. 상상력을 동원하여 말하자면 하나님이 우리를 부르시면서 이렇게 말씀하십니다.

"나와 춤추지 않겠니?" "Shall we dance?"

물론 성경에는 Shall we dance? 라는 말이 없습니다. 춤이라는 말 대신 사귐이라는 말이 자주 나옵니다. 요한일서를 기록한 사람은 1장 3절과 4절에서 내가 이 글을 쓰는 것은 사귐을 통해 기쁨이 차고 넘치기를 바라서인데, 그 사귐은 아버지와 그의 아들 예수 그리스도와 함께 하는 사귐이라고 합니다.

복음이 무엇입니까? 하나님의 아들이 오셔서 우리와 사귀자, 우리와 사랑의 춤을 추자고 초대하신다는 소식입니다. 고린도전서 1장 9절을 보면 하나님께서 우리를 부르셔서 그 아들 우리 주 예수 그리스도와 친교(사귐)를 가지게 하여주셨다고 합니다. 신앙생활

은 하나님의 부르심에 응답하여 예수 그리스도 안에서 하나님과 사
귐을 갖는 것입니다(엡 4:1-3).

# 더 좋은 이야기를 쓰는 사람

우리 삶은 하나의 이야기입니다. 모든 좋은 이야기는 좋은 관계를 보여줍니다. 우리가 더 좋은 이야기를 쓰려면 거부당할 위험에 맞서 용서를 구하고, 용서하고, 사랑해야 합니다. 자신보다 남을 더 존귀하게 여기고 그들에게 우리의 마음을 내어주어야 합니다. 여러분 가운데 용서를 구하고 용서해야 할 사람은 없습니까? 부부간에, 부모와 자식 간에, 교인들 간에 냉담하고 불편한 관계를 유지하고 있다면 더 좋은 이야기를 만들기 위하여 용기를 내시기 바랍니다.

나오미와 룻은 아들과 남편을 잃은 슬픔 가운데서도 진심으로 서로 걱정하고 배려하고 사랑했습니다. 그들은 사랑함으로 그들의 비참한 이야기를 좋은 이야기로 만들었습니다. 나오미와 룻은 모든 것을 상실한 처지에 있었지만 좋은 이야기를 썼고, 하나님의 구원 역사에서 중요한 역할을 감당했습니다. 또한 룻기에는 보아스라는 유력한 인물도 등장합니다. 흔히 힘이 있는 사람은 자신의 권세를 내세우며 허세를 부립니다. 그러나 보아스는 관대한 마음으로 율법을 뛰어넘는 사랑을 실천했습니다. 다른 이들에게 유익을 주기 위해 자신의 재물과 지위를 사용함으로 좋은 이야기를 쓴 사람이 되었습니다. 그는 룻과 결혼하여 친척에 대한 책임을 감당함으로 하나님의 구원 이야기에서 중요한 역할을 수행했습니다.

그리스도인은 좋은 이야기를 쓰는 사람이 되어야 합니다. 좋은 이야기를 들려주는 사람이 되어야 합니다. 좋은 이야기를 들려주려면 성경이 들려주는 하나님의 이야기에 흠뻑 젖어야 합니다. 주님의 말씀에 귀를 기울여야 합니다. 그런데 많은 그리스도인들이 하나님의 이야기에 귀를 기울이지 않고 세상의 이야기에 귀를 기울입니다. 그래서 세상의 이야기에 휘둘립니다. 그런 세상 이야기만 듣고 자란 많은 청소년들이 사랑과 배려, 헌신과 희생을 모릅니다. 그들이 쓸 줄 아는 이야기는 친구를 따돌리고 힘없는 학우를 괴롭히는 이야기입니다. 어디에서도 좋은 이야기를 발견하지 못한 청소년들이 방황하고 있습니다.

저는 앞으로 써 내려갈 저와 여러분의 인생이야기가 어떤 것이 될지 궁금합니다. 삶을 마감할 때 우리가 쓴 이야기가 어떤 이야기가 될지 궁금합니다. 하나님도 궁금해하실 것 같습니다.

# 아름다운 하나님

오래 전에 TV 드라마에서 여고생인가 선생님으로 나온 탤런트가 있었는데, 제 기억에 정말 아름다웠습니다. 그러나 그렇게 아름다움을 자랑하던 탤런트들도 세월이 가면서 몸의 균형과 탄력이 사라지고 그 빛나던 얼굴은 윤기가 퇴색됩니다. 그래서 괴테가 했다는 말이 새삼 마음에 와 닿습니다.

"잠깐만 머물러 다오, 그대는 너무 아름답습니다!"

빛나는 아름다움을 감탄하는 말이지만 어쩌면 스러지는 아름다움을 보면서 안타까움을 표현한 것이기도 합니다.

우리는 어떻게 아름다운 사람이 됩니까? 이 물음에 대한 답을 찾으려면 먼저 하나님의 아름다움을 알아야 합니다. 우리는 기도할 때 거룩하신 하나님, 고마우신 하나님, 능력이 무한하신 하나님이라고 부릅니다. 그런데 아우구스티누스는 그의 『고백록』에서 하나님을 아름다움이라고 부릅니다. 아름다운 하나님이라고 부른 것이 아닙니다. 아름다움이 아예 하나님의 이름입니다.

지극히 오래되고 지극히 신선한 아름다움이여, 내가 뒤늦게 주님을 사랑하였나이다. 뒤늦게 사랑하였나이다.

17세기 전반기에 살았던 청교도 목회자이자 신학자였던 조나단 에드워즈는 하나님을 아름다움의 원천이라고 생각했습니다. 그러면 하나님이 어떻게 생기셨기에 아름답다고 합니까? 하나님은 영이신데 어떻게 생겼다고 말할 수 있겠습니까? 삼위일체론을 따라 말하자면 하나님은 내적으로 서로 사랑의 관계 가운데 조화를 이루고 있기 때문에 아름다운 분입니다. 그리고 창조와 구원을 통해서 자신의 아름다움을 세계로 확장하는 분이기 때문에 아름답습니다. 이렇게 볼 때 하나님의 아름다움은 형태와 색채로 나타나는 것이 아니라 조화로운 관계와 사랑으로 나타납니다.

우리가 믿는 하나님은 홀로 완전함을 즐기는 정적인 실체가 아니라, 타자와 관계를 맺고 사랑의 관계를 형성하는 역동적인 분입니다. 하나님의 본질은 고정된 신적 실체가 아니라 아름다운 사랑의 관계 가운데 있는 자신의 사랑과 아름다움을 전달하려는 성향입니다. 이런 말이 어렵게 느껴지시겠지만 사실 우리가 성경을 통해 배운 하나님이 바로 그런 분입니다.

하나님은 모든 관계를 끊고 홀로 계신 정적인 존재가 아니라, 이 세상에 사랑을 소통하기 위하여 예수 그리스도 안에서 우리와 연합하신 분입니다. 복음의 메시지에 따르면 사랑의 관계 가운데 계신 하나님은 우리를 아름답게 하기 위하여 이 세상에 오셨습니다. 하나님은 예수 그리스도 안에서 죄로 인하여 아름다움을 상실한 인간을 아름답게 하기 위하여 스스로 십자가에서 흉하게 되셨습니다. 그런 의미에서 하나님은 아름다우실 뿐 아니라 우리를 아름답게 하시는 아름다움의 원천이십니다.

예수님은 자신의 삶을 통하여 우리를 아름답게 하시는 하나님을 보여 주셨습니다. 예수님이 자신의 삶을 통해서 보여주신 하나님은 가장 아름다운 분일 뿐 아니라, 자신을 내어주시고 소통하심으로 자신의 아름다움에 참여하는 것들을 아름답게 하시는 분입니다. 하나님은 홀로 즐거움을 누리기 원하는 분이 아니라 즐거움을 소통하기 원하시는 분입니다. 그런 점에서 하나님은 아름다운 분입니다. 이런 의미에서 하나님의 아름다움은 형태로 나타나는 것이 아니라 사회적 관계 속에서 드러나는 아름다움입니다. 그러므로 우리가 예수 안에 있는 진리를 배웠다면 우리도 아름다운 하나님의 삶을 따라 아름다운 사람이 되어야 합니다. 서로 사랑하며 아름다운 관계를 맺고 살아가야 합니다.

# 아름다운 사람을 키우는 교육

요즈음은 세상이 각박하고 경쟁이 심해져서 그런지 사람들은 훌륭한 사람이 되려고 하기보다는 유능한 사람이 되는데 관심이 많습니다. 경쟁에서 뒤처지지 않기 위해서 어려서부터 공부에 매달리게 합니다. 물론 우리는 자녀를 유능한 사람이 되도록 교육시켜야 합니다. 그리고 대학은 유능한 인재를 배출하기 위하여 학생들을 열심히 가르쳐야 합니다. 유능한 인재를 키워내지 못하는 대학이 어떻게 대학이라고 할 수 있겠습니까?

그러나 그리스도인은 자녀를 유능한 사람으로 키울 뿐 아니라 아름다운 사람이 되도록 격려하고 가르쳐야 합니다. 기독교 대학은 학생들을 유능한 사람이 되도록 가르칠 뿐 아니라 아름다운 사람이 되도록 교육해야 합니다. 유능한 사람을 키우는 교육은 고립된 개인의 능력을 장려합니다. 희소한 자원과 보상을 위해 경쟁력을 갖추도록 가르칩니다. 그래서 교육의 목적은 암묵적으로 타인과 세계를 지배하는 것을 지향합니다.

그러나 아름다운 사람을 키우는 교육은 학생들을 삶에 대한 공동체의 요구에 응답하도록 도와줍니다. 다른 사람의 목소리에 귀를 기울이고 배려하는 아름다운 사람이 되게 합니다. 사랑의 능력, 소통하는 능력, 아픔을 아는 사람으로 성장시킵니다. 아름다운 사람을 키우는 기독교 교육은 하나님의 빛 가운데 자신을 세우고 자신의 삶을 비추어 보게 함으로써 자신의 흉한 모습을 고치고 새롭게 되도록 도와줍니다. 하나님의 사랑을 경험함으로 어려운 일을 만나도 다시 일어날 수 있는 힘을 줍니다. 작은 일에도 감사할 줄 알게 합니다.

아름다운 사람을 키우는 일은 모든 그리스도인에게 부여된 사명입니다. 우리 스스로 아름다움에 대한 인식을 바로 하면서, 청소년과 젊은이를 만날 때 그들을 귀중하게 여기고 격려해야 합니다. 그러기 위해서는 우리가 먼저 아름다운 하나님을 만나야 합니다. 그리고 하나님을 주목하고 하나님의 생명과 접촉을 꾸준히 유지해야 합니다.

# 두 세상 사이에서

그리스도인이 된다는 것은 기독교 교리에 정통한 사람이 되는 것이 아닙니다. 기독교라는 종교에 충성하는 사람이 되는 것도 아닙니다. 세례는 종교인을 만드는 의식이 아닙니다. 세례는 어둠이 지배하는 옛 세상을 벗어나 하나님이 다스리는 새 세상에 진입하는 것입니다. 그리스도인이 된다는 것은 세례를 받음으로 하나님의 가족이 되는 것이며, 아버지와 아들과 성령이 누리는 사랑의 사귐 가운데 들어가는 것입니다.

그리스도인은 두 세상 사이에서 살아가는 사람입니다. 그리스도인으로 산다는 것은 거짓과 죽음, 미움과 폭력이 지배하는 세상에서 살지만 주님의 부활과 함께 시작된 새 세상의 사람으로, 주님의 제자로 사는 것을 의미합니다. 물론 두 세상 사이에서 사는 것이 쉽지 않습니다. 주님이 예고하셨듯이 우리는 세상에서 미움을 받을 것입니다. 고난도 당할 것입니다. 실수하고 유혹에 빠져 넘어질 때도 있을 것입니다. 그러나 부활하신 주님은 우리에게 두려워하지 말라고 말씀하십니다. 내가 세상 끝날 때까지 항상 너희와 함께 있을 것이라고 약속해 주십니다.

이 사실을 깨달은 사도 바울은 고린도전서 15장에서 부활의 소망에 대하여 설명한 다음, 끝으로 이렇게 말을 맺습니다.

그러므로 나의 사랑하는 형제자매 여러분, 믿음에 굳게 서서 흔들리지 말고, 주님의 일을 더욱 많이 하십시오. 여러분이 아는 대로, 여러분의 수고가 주님 안에서 헛되지 않습니다.

고린도전서 15:58, 표준새번역

# 우리 욕망의 치유

산다는 것은 원한다는 것과 통합니다. 살아있다는 것은 욕구를 가지고 있음을 의미합니다. 다양한 욕망을 채우기 위하여 사람들은 땀을 흘리고, 없는 시간을 쪼개어 열심히 노력합니다. 원하는 것을 얻기 위해 경쟁하고, 때로는 몹쓸 짓을 합니다. 걱정하고 염려하고 한숨짓습니다. 욕망의 시장인 이 세상에서 우리의 욕구는 계속 확대됩니다. 빗나간 욕구, 헛된 소원, 과도한 욕망이 세상을 어지럽히고 공동체를 파괴하고 있습니다. 산다는 것은 무엇인가를 원한다는 것입니다.

그런데 갖가지 소원을 갖고 살아가는 우리들, 때로는 헛된 욕망에 시달리고 지쳐있는 우리에게 기독교 복음은 놀라운 사실을 일깨워줍니다. 그것은 하나님이 우리를 원하시고 사랑하시고 찾아오셨다는 사실입니다.

하나님이 우리를 원하신다. 하나님이 우리를 사랑하시고 소중히 여기신다.

매일 아침 이 놀라운 사실과 함께 깨어나고 하루를 시작했으면 좋겠습니다. 우리가 하나님에 관하여 더 이상 생각할 수 없을 때라도 하나님은 우리를 생각하시고 우리를 사랑하십니다. 어두움이 우리 인생을 덮어버려도 하나님은 그 어두움을 뚫고 우리를 주목하시고 사랑으로 다가오시고 구원하십니다. 하나님이 우리를 원하십니다. 하나님이 우리를 사랑하시고 소중히 여기십니다. 우리가 바라고 원하기 이전에 하나님이 먼저 우리를 원하십니다. 삶은 하나님의 선물입니다.

그런데 기독교 복음은 하나님이 원하시는 것을 소원하면서 살 때 사람답게 살 수 있다고 가르칩니다. 욕망에 사로잡힌 사람은 가족과 친구와 이웃이 보이지 않습니다. 그래서 잘살고 싶어 하면서도 잘못 살고 있습니다. 빗나간 욕망으로 자신의 삶을 파괴합니다.

예수님은 잘못 살고 있는 사람들을 향하여 너희의 욕구에 앞서 먼저 하나님이 원하시는 것을 추구하라고 가르치십니다. 그것이 건강한 삶을 누리는 길이라고 말씀하십니다. 마태복음 6장에 나오는 예수님의 말씀은 삶에 대한 우리의 상상력을 자극합니다.

너희는 공중에 나는 새를 보아라. 들에 핀 백합화를 보아라.

하루하루의 삶 속에서 하나님의 은총을 발견하고 하나님을 신뢰하면서 감사하며 살라는 것입니다. 분에 넘치는 쓸데없는 것을 바라지 말고 주어진 오늘 하루의 삶을 힘껏 정성을 다해 살아가라는 것입니다. 평범한 일상의 삶 속에서 우리에게 베푸신 은총을 발견하고 고마움에 겨워 감사하면서 소박하게 살았으면 좋겠습니다. 어떻게 하면 우리가 그렇게 살 수 있을까요?

예수님은 먼저 삶의 지향점을 바로 하라고 하십니다. 삶의 우선
권을 하나님의 정의와 뜻에 두어야 한다고 일러 주십니다. 하나님
이 원하시는 것을 알고 하나님의 뜻을 추구하면 다른 모든 것은 제
대로 자기 자리를 잡게 된다고 가르쳐 주십니다. 그러면 우리의 병
든 욕망이 치유된다고 하십니다. 하나님을 참으로 사랑하면 우리의
모든 욕구와 소원은 하나님의 뜻과 조화를 이룰 수 있습니다.

# 해를 품은 달

〈해를 품은 달〉이라는 소설과 드라마가 있지만 사실 그리스도인은 말 그대로 해를 품은 달입니다. 사도 바울은 "그리스도께서 내 안에 살고 계십니다"(갈 2:20, 표준새번역)라고 말했습니다. 우리는 빛이신 그리스도를 품고 사는 사람들입니다. 그래서 저는 그리스도인을 해를 품은 달이라고 합니다.

주님은 "너희는 세상의 빛"이라고 했습니다. 우리는 해를 품고 사는 사람답게 빛나게 살고 있습니까? 그렇지 않을 때가 많습니다. 주님이 우리 안에 계신다고 해서 저절로 빛이 나는 것은 아닙니다. 주님을 잘 품어야 우리 안에 계신 주님의 빛이 우리를 통해 세상을 밝게 합니다.

어떻게 하면 주님을 잘 품을 수 있습니까? 주님을 잘 품는 것은 우리 마음을 주님께 조금씩 더 내드리는 과정을 통해서 이루어집니다. 주님의 빛이 드러나려면 매일 우리의 자기중심적인 마음이 깨어져야 합니다. 우리 마음을 주님께 더 내드림으로, 즉 나의 욕심을 죽이고, 주님의 뜻에 순종할 때, 주님은 우리 삶을 통해 조금씩 더 진하게, 더 아름답게, 더 온전히 나타나게 됩니다. 그러면 우리 삶

을 통해 주님의 자비, 겸손, 온유, 오래 참음, 용서, 사랑이 다른 사
람에게 전달됩니다. 그러면 모두가 감사하는 마음으로 하나님을 찬
양하게 됩니다. 그러면 하나님은 우리를 보고 기뻐하며 웃으십니
다.

# 하나님의 합창단

그리스도인은 하나님이 창조하신 우주를 배경으로 지구라는 무대에서 하나님이 작곡하신 의도에 따라 아름답게 살아감으로 하나님을 찬양하는 합창단원입니다. 그리스도인이 된다는 것은 성경 지식과 교리에 숙달되는 사람이 되는 것이 아니라, 다른 성도들과 함께 하나님의 영광과 은혜를 찬양하는 사람이 되는 것입니다. 사람이 죽기 전에 반드시 해야 할 일이 많지만 가장 중요한 일은 교회의 일원이 되어 다른 성도들과 함께 아름답게 살아감으로 하나님의 영광과 은혜를 합창하는 것입니다.

교회는 예배와 삶으로 하나님을 찬양하기 위해 부름 받은 하나님의 합창단입니다. 그런데 하나님의 합창단에는 오디션이 없습니다. 하나님은 까다롭게 사람을 선별하지 않으십니다. 학력, 능력, 성품을 따지지 않습니다. 누구나 하나님의 백성, 하나님의 합창단원이 될 수 있습니다. 그래서 유진 피터슨 목사님은 이렇게 말했습니다.

교회는 마치 뛰어난 제 1 바이올린 연주자가 제대로 현을 조율하는 법도 배우지 못한 어린이와 함께 연주하고, 초보자가 경험이 많은 대가와 함께 연주하는 교향악단과 같다.

교회는 다양한 신앙 수준을 가진 사람이 모여 있습니다. 그렇다 보니 교회라는 합창단에는 이상한 음을 내는 사람이 있습니다. 자기 소리를 너무 크게 내어 화음을 깨뜨리는 사람도 있습니다. 그런 사람을 용납하지 못하고 일일이 잘못을 지적하고 비난하는 사람도 있습니다. 어느 교회나 그런 사람이 있습니다. 옛날 고린도교회, 에베소교회, 빌립보교회에도 그런 사람들이 있어서 사도 바울이 걱정을 했습니다. 그러나 그 정도가 지나쳐서 불협화음이 밖으로 퍼지면 세상 사람들까지 걱정합니다. 교회를 비난합니다. 그러면 하나님은 찡그리십니다. 괴로워하십니다. 그래서 바울 사도는 이렇게 권면합니다.

마음을 같이 하여 같은 사랑을 가지고 뜻을 합하여 한마음을 품어 아무 일에든지 다툼이나 허영으로 하지 말고 오직 겸손한 마음으로 각각 자기보다 남을 낮게 여기고

빌립보서 2:2-3

# 사귐과 위로의 언어

성경에는 복음의 선포(케리그마)와 복음에 합당한 삶의 가르침(디다케)이 담겨 있습니다. 동시에 성경에는 위로의 말씀도 가득합니다. 이사야서에는 위로하라, 내 백성을 위로하라는 소리가 울려 퍼집니다. 주님은 우리에게 두려워하지 말라, 내가 평안을 너희에게 준다고 말씀하십니다. 그 말씀을 듣고 우리는 살아갈 힘을 얻습니다.

유진 피터슨 목사님은 아무리 훌륭하고 강력하게 구원의 복음을 선포한다고 해도, 하나님 나라의 진리를 아무리 정확하고 철저하게 가르친다고 해도, 사귐과 위로와 친밀함의 언어를 제대로 사용할 줄 모르는 그리스도인은 성숙한 그리스도인으로 자랄 확률이 희박하다고 단언합니다.

교회가 아름다운 합창을 하려면 복음을 소리 높여 선포해야 하고, 어떻게 살아야 하는지 명료하게 가르쳐야 합니다. 그러나 교회에서 사귐과 위로의 소리가 베이스처럼 밑바탕에 깔리지 않으면 훌륭한 합창이 되지 않습니다. 사귐과 위로의 말씀이 든든히 받쳐줄 때 사람들은 하나가 되어 화음을 이루게 됩니다. 교회 안에서 가장

적합하게 말하는 유일한 방법은 "긍휼과 자비와 겸손과 온유와 오래 참음으로" 말하는 것입니다(골 3:12).

# 권위

권위는 사람을 성장시키고 세워주는 힘입니다. 권위는 단순히 영향력을 행사하는 힘이 아닙니다. 권위는 강제로 복종시키는 위세가 아닙니다. 권위라는 낱말의 라틴어 어원은 성장시키는 자, 크게 하는 자와 관련이 있다고 합니다.

사람들은 자신을 성장하게 해 주는 어떤 영향력을 경험할 때 권위를 느낍니다. 어떤 사람의 영향으로 볼 수 있게 되고, 들을 수 있게 되고, 느낄 수 있게 되고, 자랄 수 있게 되었을 때 우리는 그 사람의 권위를 받아들입니다. 그러므로 권위 있는 분을 만난다는 것은 귀한 일입니다. 좋은 영향을 끼쳐 나를 성장시키고 세워주는 분을 만난다는 것은 큰 축복입니다.

우리 가정에 필요한 권위는 성장시키고 스스로 설 수 있게 격려하는 권위입니다. 아버지는 자신의 권위가 갖는 영향력으로 인해 자녀들이 성장할 수 있도록 해야 합니다. 아버지는 자녀가 더 멀리 보고 깊이 볼 수 있는 힘을 길러주어야 합니다. 그래서 혼란한 세상에서 자신 있게 살아갈 수 있도록 도와주어야 합니다. 어떻게 하면 성장시키고 세워주는 권위를 행사할 수 있습니까?

먼저 배워야 합니다. 어른이 먼저 배우고 성장해야 합니다. 특별히 주님을 잘 배우고 본받아야 합니다. 주님을 잘 배우지 않으면 우리의 실력과 지식과 힘이 죽이는 힘이 됩니다. 그런 힘은 사람을 숨막히게 하는 권위, 성장을 방해하는 권위입니다.

예수님은 위세를 부리면서 사람들에게 섬김을 요구하지 않았습니다. 예수님은 공감을 바탕으로 사람들에게 선한 영향력을 끼쳤습니다. 예수님은 사람들의 사정과 아픔에 공감(compassion)하심으로 그들을 위로하시고 치유하시고 새롭게 하셨습니다.

그래서 헨리 나웬은 이렇게 말했습니다.

"공감은 권위의 핵심이요, 본질이다."

그렇습니다. 공감이 결여된 권위는 아무리 선한 의도를 가지고 있더라도 사람을 살리고 성장시킬 수 없습니다. 아무리 옳은 말이라도 강압적으로 지시하면 거부감을 일으킬 뿐 상대방을 성장시킬 수 없습니다.

예수님의 권위를 받아들인다는 것은 단순히 예수님이 하나님의 아들임을 받아들이는 것이 아닙니다. 예수님의 권위를 받아들인다는 것은 우리를 살리는 예수님의 선한 영향력을 받아들여 삶이 더 좋게 변화되는 것을 의미합니다. 예수님을 믿는다는 것이 간단치 않다는 생각이 들지요? 그래도 어떻게 합니까? 이제 와서 어둡고 공허한 세상의 방식을 따라 살 수는 없지 않습니까?

# 물질에 대한 태도

물질에 대한 태도를 보면 그가 하나님을 섬기는 사람인지 아닌지 알 수 있습니다. 물질에 대한 태도는 우리가 참된 그리스도인인지 무늬만 그리스도인인지를 보여줍니다. 부귀영화를 쫓고 권력을 탐하며 재물을 쌓는 것과 같은 자질구레한 것(이것은 칼뱅의 표현입니다)에 집착하고 끝없는 욕심을 부리는 것은 전혀 그리스도인의 모습이 아닙니다. 그리스도인은 물질 중심의 세상이 주는 안정과 쾌락에 과도한 애착을 보이지 않아야 합니다. 그리스도인은 하나님이 주시는 축복과 상관없는 번영과 성공을 누리겠다는 생각을 갖지 않아야 합니다.

그렇다고 하여 그리스도인이 이 세상의 갖가지 좋은 것을 멸시해야 한다는 것은 아닙니다. 도리어 그리스도인은 이 세상의 갖가지 좋은 선물을 주신 하나님을 알아보고 하나님의 은혜를 감사하는 마음으로 물질을 받아 누립니다. 식사할 때 기도하는 것은 우리가 하나님의 은혜를 감사하는 그리스도인이라는 사실을 보여주는 것입니다.

그리스도인은 물질을 하나님이 우리에게 주신 목적에 맞게 사용할 줄 압니다. 그것은 금욕도 아니고 사치도 아닙니다. 하나님은 우리의 필요를 위해서 뿐 아니라 즐거움을 위해서 갖가지 좋은 것들을 주셨습니다. 음식은 생명을 지탱할 뿐 아니라 맛을 느끼고 즐거우라고 주셨습니다. 의복은 우리 몸을 따듯하게 할 뿐 아니라 아름다움과 정숙함을 나타냅니다. 꽃들과 열매들은 우리의 시각과 후각과 미각을 즐겁게 하고 황홀하게 합니다.

그러므로 그리스도인은 하나님이 주신 갖가지 선물들을 필요에 따라 먹고 즐길 수 있습니다. 그러나 그런 것들을 즐기는 순간에도 그런 것들을 주신 하나님의 은혜를 잊어버리면 안 됩니다. 우리는 칼뱅이 한 말을 기억해야 합니다.

부엌에서 나는 향긋한 음식 냄새에 완전히 취해버려 영적인 것에 대해 전혀 냄새를 맡을 줄 모르는 사람이 얼마나 많은지 모릅니다.

그는 또 이런 말도 했습니다.

초라한 의복을 부끄러워하는 사람은 값비싼 의복을 입으면 자랑하고 싶어 안달이 납니다.

우리 그리스도인은 "비천에 처할 줄도 알고 풍부에 처할 줄도 알아 모든 일, 곧 배부름과 배고픔과 풍부와 궁핍에도 처할 줄 아는 일체의 비결"(빌 4:12)을 배워야 합니다.

나는 비천에 처할 줄도 알고 풍부에 처할 줄도 알아 모든 일 곧

배부름과 배고픔과 풍부와 궁핍에도 처할 줄 아는 일체의 비결을
배웠노라

# 천국을 보는 눈

사람의 눈은 하나님의 은혜와 아름다움에 대해서 맹목입니다. 요한복음 9장에 보면 예수님이 눈먼 사람을 고쳐준 사건이 나옵니다. 그 일과 관련하여 바리새인들이 예수님과 논쟁하다가 이렇게 말합니다.

"우리도 눈이 먼 사람이란 말이오?"

예수님이 바리새인들에게 말씀하십니다.

"너희가 눈이 먼 사람들이라면 도리어 죄가 없을 것이다. 그러나 너희가 지금 본다고 말하니 너희의 죄가 그대로 남아있다."

우리 인간은 죄로 인하여 영적인 세계를 볼 수 있는 시력을 상실했습니다. 현대인은 과학의 힘을 사용하여 시력의 한계를 천 배, 만 배 확장시켰습니다. 광대한 우주를 들여다보고, 원자의 세계를 들여다봅니다. 그러나 현대인은 이 세계를 창조하신 하나님을 알지 못합니다. 우리를 위해 계획하신 하나님의 목적을 알지 못합니다. 그러므로 우리의 어두워진 눈이 고침을 받아야 합니다. 그래서 이 세계를 새로운 눈으로 보고 그 아름다움에 참여할 수 있어야 합니다. 저는 C. S. 루이스가 한 말에 공감합니다.

> 우리는 단지 아름다움을 보기를 원하는 것이 아니라 아름다움과 연합되고, 그 아름다움으로 들어가며, 아름다움을 우리 자신 안으로 맞아들이기를 원한다.

유진 피터슨 목사님은 눈을 떠 천국을 보라고 합니다.

천국을 보지 못하면 우리는 무채색 실존으로 전락할 수밖에 없다. 색맹 같은 탁상공론을 일삼으며 매사를 흑백논리로 보게 된다. 고역스러운 도덕론으로 삶이 칙칙해진다. 그러나 그리스도 안에서 누리는 은혜의 삶은 얼마나 엄청난가? 주님의 사랑의 빛은 모든 피조물의 색조와 감촉을 낱낱이 보여주는 총천연색 빛이다.

# 요나의 상상력

상상력은 인식의 문이고, 현실을 바꾸는 힘입니다. 그런데 대다수의 한국인이 상상하는 세상은 더 많이 누리기 위해서 경쟁해야 하는 장소입니다. 그러나 세상은 경쟁에서 이겨야 할 투쟁의 장소이기보다는 서로 사랑하며 더불어 살아가는 장소여야 합니다. 이 세상은 우리가 상상하기에 따라 고향처럼 따스한 곳이 되기도 하고, 감옥이나 전쟁터가 될 수도 있습니다. 현실은 그냥 그대로 있는 것이 아니라 상상력이 보태짐으로 실제적인 현실이 됩니다.

그렇습니다. 우리는 모두 상상력을 통해 여과된 세상에 살고 있습니다. 그런데 우리들은 세상을 너무 일방적으로 상상합니다. 세상을 온통 경쟁하고 쟁취하는 장소로 상상하고 그런 세상을 전제로 행동합니다. 그래서 세상은 더욱 삭막해지고 무정해집니다.

요나의 상상력은 병이 들었습니다. 그는 하나님을 믿는 이스라엘은 부강하고, 하나님을 모르는 민족은 망하는 세상을 상상했습니다. 하나님은 그러한 요나의 좁아터진 상상력을 바로잡아 주고 싶으셨습니다. 하나님이 상상하는 세상은 우리 편과 적을 갈라놓는

적대적인 세상이 아니라 함께 어울려 사는 세상입니다. 하나님의 마음은 요나가 상상하는 것보다 훨씬 넓었습니다.

하나님께서 요나에게 말씀하셨습니다.

> 네가 수고하지도 않았고, 네가 키운 것도 아니며, 그저 하룻밤 사이에 자라났다가 하룻밤 사이에 죽어버린 이 식물을 네가 그처럼 아까워하는데, 하물며 좌우를 가릴 줄 모르는 사람들이 십이만 명도 더 되고 짐승들도 수없이 많은 이 큰 성읍 니느웨를, 어찌 내가 아끼지 않겠느냐?
>
> 요나서 4:10-11, 표준새번역

하나님은 요나에게 상상해 보라는 것입니다. 네 상상력이 얼마나 좁고 편협한지 깨달으라는 것입니다. 불평하고 원망할 것이 아니라 위축되고 비틀어진 너의 상상력을 정상적으로 회복시켜야 하지 않겠느냐는 것입니다.

이제 요나가 대답할 차례입니다. 요나가 뭐라고 대답했습니까? 요나의 대답이 몇 절에 나오지요? 없습니다. 요나서를 쓴 사람은 요나의 답변을 들려주지 않음으로써 그 이야기를 읽는 사람들, 즉 우리들이 스스로 대답하라고 합니다. 우리의 상상력은 건강합니까?

# 기도해야 하는 이유

하나님은 우리의 사정과 필요를 모두 알고 계신데, 구태여 기도해야 할 이유가 무엇입니까? 기도하지 않아도 하나님은 다 알아서 해 주실 수 있지 않습니까? 사실 하나님은 우리가 기도하지 않을 때에도 우리를 도우십니다. 그러나 하나님은 우리의 기도를 들으시고, 우리의 필요를 채워주시기를 기뻐하십니다. 저는 칼뱅이 가르쳐준 우리가 기도해야 하는 이유를 여러분에게 들려주고 싶습니다.

1. 기도는 하나님을 찾고 그를 사랑하고 섬기고자 하는 열심과 소원을 불타오르게 합니다. 기도함으로 우리는 어려움 가운데도 하나님을 의지하고 신뢰하는 습관을 형성하게 됩니다. 기도는 우리가 하나님이 기뻐하시는 참된 신자로 살게 합니다.

2. 기도는 하나님 앞에 내놓기 부끄러운 욕망이 우리 마음에 들어오지 못하도록 막아줍니다. 온전한 마음으로 하나님 앞에서 살도록 해 줍니다.

3. 기도함으로 우리가 나중에 받게 될 때 그 모든 은혜가 하나님의 손에서 온 것임을 알게 되고 그래서 감사하며 살게 됩니다. 기도를 하지 않았어도 받게 될 경우 우리는 운이 좋았다고 생각하든지, 내가 능력이 있어서 그 일을 이루었다고 생각하여 자기를 높이게 됩니다. 그러나 기도로 얻은 축복은 우리를 겸손하게 하고, 순전한 마음으로 기뻐하게 합니다.

4. 기도함으로 우리는 하나님께 소망을 두고 살게 됩니다. 허탄한 세상을 의지하지 않게 됩니다.

5. 기도하는 사람은 하나님의 섭리를 체험을 통해 확증하게 됩니다. 기도하는 사람은 하나님은 절대로 우리를 실망시키지 않으며, 필요할 때에 우리 길을 열어주신다는 확신을 얻습니다. 기도함으로 우리는 힘을 얻게 됩니다.

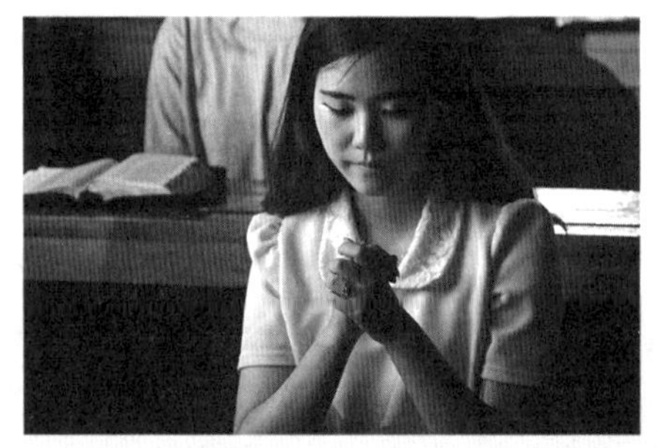

# 관계를 통한 배움

배움은 관계 속에서 이루어지고, 우리를 더 좋은 관계 속에서 살게 합니다. 얼마 전 파커 팔머가 쓴 『가르침과 배움의 영성』이란 책을 재미있게 읽었습니다. 그는 인간을 어떻게 보느냐에 따라 교육에 대한 이해도 달라진다고 합니다. 그동안 사람들은 인간을 고립된 자아, 타자와 경쟁하는 존재로 생각했는데, 그래서 교육은 고립된 개인들이 희소한 보상을 위해 경쟁하는 법을 배우는 것으로 잘못 인식되었다고 합니다.

그런데 팔머는 인간이란 관계 속에 있는 공동체적인 존재라고 보며, 따라서 지식은 관계를 잘 맺고 함께 살아가는 능력을 키우는 것이라고 합니다. 지식은 우리를 관련성, 상호성, 책임성으로 부른다고 합니다. 그러므로 배운다는 것은 대상을 객관화시켜 자신의 필요를 위해 조작하거나 소유하는 것이 아니라, 다른 사람 혹은 사물들과의 관계로 들어가는 것입니다. 배움은 내가 주체가 되어 상대방을 일방적으로 파악하고 소유하는 것이 아닙니다. 배움은 관계 속에서 이루어지는 것입니다. 배움은 우리를 관계 속에서 살게 합니다.

이렇게 볼 때 예수님을 배우는 것은 단순히 예수님에 대한 지식을 얻는 것이 아닙니다. 주님을 배우는 것은 예수님과 관계 속에 들어가는 것입니다. 우리는 예수님과 함께 걸음으로 하나님의 은혜를 발견하고, 나 자신이 얼마나 소중한 사람인지 깨닫게 됩니다. 주님을 잘 배우면 주님과 함께 하나님이 창조하신 세상과의 풍성한 관계 속에 들어가게 됩니다.

그런데 우리는 주님을 믿고 예배하는 데는 열심이지만 주님과 함께 살아가면서 주님을 본받고 주님에게 배우려는 마음이 없습니다. 믿음이 우리의 머리와 가슴에 머물 뿐 삶으로 나타나지 않습니다. 그래서 우리의 삶이 변화되지 않고 우리가 속한 공동체가 병을 앓고 있습니다. 많은 그리스도인들이 주님을 배우고, 주님에게 배우려 하기보다는 세상을 배우고, 이 세상의 방식을 따라 행동합니다. 그래서 관계를 풍성하게 만들기보다 파괴하고 갈라지게 합니다. 주님을 배우지 않기 때문에 우리의 삶이 고달픕니다.

우리는 예수님의 가르침에 순종함으로 잘 배울 수 있습니다. 주님이 가르치신 대로 용서할 때 우리는 자유를 누립니다. 용서가 복수보다 나음을 깨닫게 됩니다. 주님을 잘 배우고 순종함으로 우리는 탐욕을 벗고 너그럽게 칭찬하며 살아가는 인생이 됩니다. 죄책감에 찌들고 두려움에 시달리던 삶이 구김살 없고 희망에 찬 삶으로 바뀌게 됩니다

# 결혼 생활

결혼식보다 어려운 것은 결혼 생활입니다. 지난 주 토요일 000 장로님 따님 결혼예배를 마친 후 밖에 나와서 사람들과 이런저런 이야기를 나누었습니다. 어떤 분이 말합니다.

"신랑 신부가 노래를 가수처럼 잘하지요? 우리는 옛날에 결혼하기 잘했어요. 오늘 신혼부부가 했듯이 노래하라고 하면 우리가 그렇게 할 수 있겠어요?"

저도 말했습니다.

"그러게요. 어느 결혼식에서는 사회자가 신랑에게 신부를 안고 앉았다 일어섰다를 몇 번씩이나 요구하는데, 저 같았으면 신부를 안고 간신히 앉았다가 일어나지 못해서 망신만 당했을 거예요."

"하하하. 호호호."

함께 있던 분들이 모두 웃습니다.


요즈음 결혼하지 않고 혼자 살겠다는 여자들이 많다고 합니다. 결혼한 동료, 선배 언니의 결혼 생활을 보면 결혼할 마음이 없어진다는 것입니다. 그러나 결혼 생활의 어려움이 어디 요즈음뿐이겠습니까? 결혼 생활은 옛날에도 어려운 일이었습니다. 2세기에 활동한 교부 알렉산드리아의 클레멘트는 이런 말을 했습니다.

결혼은 부단한 영적 훈련이다. 세상살이의 어려움, 가정을 돌보고 자녀를 키우는 책임과 비교하면 (수도사의) 독신생활은 사치다.

어떻게 하면 결혼 생활을 잘 할 수 있을까요?

1. 결혼한 사람은 부부가 된 것을 하나님의 뜻으로 받아들여야 합니다. 여러모로 잘 어울리는 한 쌍을 가리켜 사람들은 천생배필이라고 합니다. 그러나 저는 세상 사람들이 생각하듯이 모든 면에서 잘 맞고 완벽하게 어울리는 천생배필은 없다고 생각합니다. 부부는 천생배필이 되어갈 뿐입니다. 그리스도인은 모든 면에 잘 어울리기 때문에 부부가 되었다고 생각할 것이 아니라 부부가 되었기 때문에 잘 어울려 살아야 합니다. 내게 딱 어울리는 유일한 사람이기 때문에 부부가 된 것이 아니라 하나님의 뜻 가운데 부부가 되었기 때문에 상대방은 세상에서 나에게 유일한 사람이 되었다고 생각해야 합니다.

2. 부부는 하나님을 경외함으로 피차 복종할 때에 잘 어울리는 부부가 될 수 있습니다. 하나님을 경외한다는 것은 하나님에 대해서, 구체적으로 하나님의 말씀과 하나님의 뜻에 대해서 적절하게 반응하는 지혜로운 자세를 지니는 것입니다. 하나님을 경외한다는

것은 삶의 신비를 받아들이는 것입니다. 하나님을 경외하지 않으면 경건하지 못한 습성을 키우게 됩니다. 삶에서 신비와 깊이가 사라집니다. 하나님을 경외하는 것은 삶의 신비를 받아들이는 것입니다.

삶에서 신비가 사라질 때 렘브란트의 그림은 캔버스에 칙칙한 물감을 발라놓은 것이며, 식사는 탄수화물과 지방과 단백질과 함께 약간의 비타민이 섞여 있는 덩어리를 섭취하는 것에 불과합니다.

유진 피터슨

삶에서 신비가 사라지면 결혼은 사회적인 관습에 불과합니다. 결혼은 성충동에 의한 사회적 계약에 불과한 것이 되어 언제나 해소될 수 있는 것이 됩니다.

3. 그리스도인의 결혼 생활은 함께 성장하는 과정입니다. 성숙은 고립된 상태가 아니라 언제나 관계 속에서 이루어집니다. 결혼 생활은 혼자서 최선을 다한다고 잘 되지 않습니다. 하나님은 결혼을 상호보완적인 것이 되도록 만드셨기 때문입니다. 한 사람이 상대방보다 더 강해지고, 상대방을 압도하고 성서적으로나 육체적으로 지배하는 것은 하나님이 원하시는 결혼 생활이 아닙니다. 결혼은 자신을 배우자에게 강요하지 않고, 도리어 약점과 강점 모두를 함께 나누며 배우자의 삶 속으로 들어가는 것입니다.

4. 결혼 생활의 성숙은 십자가를 통한 성숙입니다. 부부관계를 위한 하나님의 법칙은 서로 자기를 부인하는 것입니다. 둘이서 한 인생을 살기 위하여 자기중심의 사고방식, 이기심을 죽여야 합니다. 결혼 생활을 통해서 자신을 부인하는 사람은 상대방의 인격과 성격을 자기 마음대로 조정하거나 개조하려고 하지 않습니다. 상대방은 개조의 대상이 아니라 존중의 대상임을 깨달아야 합니다. 상대방을 자기 마음에 들게 뜯어 고치려는 이기심을 버리는 것이 자기부인이요 사랑입니다. 어쩔 수 없이 이혼하는 일이 벌어지지만 하나님의 뜻은 결혼 생활이 신실하게 유지되는 것입니다. 결혼 생활에 대한 하나님의 뜻은 서로 십자가를 지고 상대방의 약점을 감당하면서 성숙에 이르는 것입니다. 그것은 상대방의 실수를 용서하고 다시 시작하는 것이기도 합니다.

# 죄와 상상력

죄는 우리의 상상력을 마비시킵니다. 성경에서 말하는 죄는 단순히 도덕적인 비행이 아닙니다. 죄는 근본적으로 하나님의 은혜를 가볍게 여기는 것입니다. 죄는 하나님의 은혜를 모르는 삶입니다. 하나님의 은혜를 망각하는 사람은 자신의 삶을 파괴합니다. 죄는 삶에서 감사와 기쁨을 빼앗아 갑니다.

마태복음 18장 27절(표준새번역)에 보면 "주인은 그 종을 가엾게 여겨서, 그를 놓아주고, 빚을 없애 주었다"고 기록되어 있습니다. 종은 왕에게 엄청난 은혜를 입었습니다. 그러면 그 다음에는 무슨 내용이 나와야 마땅합니까? 그 종은 나가자마자 이웃과 친구들과 채무자들을 불러 잔치를 벌였다는 내용이 나와야 합니다. 포도주 잔을 기울이며, 기쁨을 나누는 장면이 나와야 합니다. 그러나 유감스럽게도 막대한 빚을 탕감 받은 종은 빚을 탕감 받고 나오자 자기에게 작은 빚을 진 사람을 보고 진노합니다. 그는 자신이 얼마나 큰 은혜를 받은 사람인지 생각하지 않았습니다. 이것이 바로 죄입니다.

죄는 우리의 상상력을 축소시킵니다. 그 종은 죄에 사로잡혀 있었기 때문에 시야가 좁아졌고, 죄로 더럽혀진 상상력은 그를 작은 이득에 집착하게 만들었습니다. 그래서 동료에게 관용을 베풀고 함께 기뻐할 충분한 이유가 있음에도 불구하고 자신에게 진 빚을 갚지 않는다는 사실에만 집중하였습니다. 자신이 입은 손해만 생각하면서 그를 가혹하게 대했습니다. 그래서 감사와 기쁨으로 풍성해야 할 삶을 망쳐버렸습니다. 그는 하나님이 주시는 풍성한 삶의 기쁨을 누리지 못하는 불쌍한 사람이 되었습니다.

# 기회 상실

죄가 무엇입니까? 죄는 단순히 법과 규정을 어기는 것이 아닙니다. 죄의 본질은 하나님에게 등을 돌리는 것입니다. 하나님을 외면하는 것입니다. 하나님을 벗어나면 어떻게 됩니까? 자기 욕심에 사로잡히게 됩니다. 삶이 엉클어지고 어둡고 불행하게 됩니다. 왜냐하면 하나님은 빛이시고 진리이시고 모든 복의 근원이기 때문입니다.

다른 각도에서 표현하자면 죄는 하나님이 주시는 온갖 좋은 선물과 기회를 거부하는 것입니다. 그런 의미에서 죄는 기회 상실입니다. 죄는 더 좋은 인생이 될 수 있는 기회를 상실하는 것입니다. 죄가 기회 상실이라면 회개는 더 좋은 삶을 향하여 발을 내딛는 것입니다.

우리는 하나님을 아버지라고 부릅니다. 그러나 우리가 하나님의 자녀로서 충분한 삶을 누리려면 단순히 하나님을 아버지라고 부르는 것만으로는 부족합니다. 자녀의 삶을 누린다는 것은 아버지를 신뢰하고, 순종하고, 아버지와 함께 일하는 즐거움을 누리는 것입니다. 그리스도인에게 있어서 인생이란 하나님 아버지와 함께 가꾸는 포도원 농사와 같습니다. 포도원에 가서 일하라고 하는 것은 아버지와 함께 사는 즐거움을 누리라는 것입니다(마 21:28). 아버지와 함께 하는 더 좋은 삶을 향하여 들어가라는 것입니다. 그리스도인의 삶은 하나님이 허락하신 더 좋은 삶의 기회를 충분히 누리는 것입니다.

# 인생의 요체

한 청년이 예수님께 나아와 무릎을 꿇고 물었습니다.

"선생님, 내가 영원한 생명을 얻으려면 무슨 선한 일을 해야 합니까?"(마 19:16, 표준새번역)

사람의 수준은 그가 무슨 질문을 하며 사는가 하는 데서 확인됩니다. 보통 사람은 질문을 하지 않고 살아갑니다. 그냥 살아갑니다. 사는 게 뭔지? 라고 한숨을 내쉴 뿐입니다. 그리고 무엇을 먹을까, 무엇을 마실까, 무엇을 입을까? 어디에 아파트를 마련하면 좋을까? 이런 궁리만 합니다. 그러나 그 청년은 수준 높은 질문을 했습니다. 그래서 예수님도 수준 있는 대답을 주셨습니다. 예수님은 그 청년에게 "네가 생명에 들어가기를 원하면 계명들을 지키라"(마 19:17, 표준새번역)고 하셨습니다. 우리는 예수님의 답변이 수준 있는 답변 같이 느껴지지 않습니다. 그 청년도 예수님의 대답을 시시하게 생각한 것 같습니다. 그래서 어느 계명을 지키라는 말인지 되물었습니다. 그러나 예수님이 그렇게 생각 없이 대답하셨겠습니까?

예수님은 그 청년에게 삶의 요체는 삶 속에서 하나님의 명령을 의식하고, 하나님께 순종하는 것임을 일깨워주고 싶으셨습니다. 예수님은 그 청년에게 '삶의 요체는 무슨 일을 하느냐가 아니라 누구와 함께 사느냐에 있다'는 점을 일깨워 주시려고 했습니다. 그래서 하나님을 주목하고 그의 계명을 지키라고 한 것입니다.

우리에게 필요한 것은 더 나은 삶에 대한 교훈이 아니라 하나님을 다시 인식하고 자기 자신을 하나님 앞에 세우는 것입니다. 영원한 삶, 참된 삶은 자신이 하나님 앞에 있음을 인식하는 데서 시작됩니다. 하나님 앞에 서 있음을 의식하고, 하나님께 순종하는 것이 삶의 요체입니다. 그 점을 의식하는 사람은 악하게 살 수 없습니다. 하나님과 함께 살기 때문에 단조로운 일상 가운데서도 감사하며 살 수 있습니다.

그 청년은 계명을 다 지켰다고 자신했지만 자신을 하나님 앞에 세우지 않았습니다. 하나님의 눈길로 자신을 바라보지 않았습니다. 그래서 자신의 어두운 욕망과 질투, 이기심을 인식하지 못했습니다. 그는 하나님을 내면화하지 못함으로 성령 안에서 하나님과 누리는 충만한 삶을 살 수 없었습니다. 그는 비록 성실하게 살았고 도덕적으로 흠이 없었지만 하나님과 함께 하는 삶의 기쁨과 감사를 경험하지도 못했고 원하지도 않았습니다. 그 청년의 내면을 꿰뚫어 보신 예수님은 그 사람이 진실에 마주하기를 원하셨습니다. 예수님은 그 청년이 율법 조항을 하나 더 알기보다 의에 주리고 목마른 사람이 되기를 바라셨습니다.

# 좋은 선생

좋은 선생은 자신감을 잃은 학생, 희망을 잃은 학생들에게 자긍심을 심어주고 격려하고 바른 길을 걷도록 빛을 주는 사람입니다. 좋은 선생이 되기 위해서는 다음 세 가지를 마음에 새겨야 할 것입니다.

첫째, 빛을 주는 사람이 되기 위해서는 우리가 먼저 빛 가운데 있어야 합니다. 내면에 그늘이 가득한 사람은 다른 사람에게도 그늘을 드리우게 마련입니다. 좋은 선생이 되려면 주님의 빛 안에서 성장해야 합니다. 신앙생활을 착실하게 꾸준히 해야 합니다. 그래서 성령의 감화와 인도하심 가운데 살아가야 합니다. 하나님의 사랑과 진리의 말씀이 우리의 마음을 재형성시키도록 훈련을 받아야 합니다.

둘째, 빛을 주려면 겸손의 덕을 체득해야 합니다. 파커 팔머는 겸손은 타자에게 주목하게 하는 덕목이라고 했습니다. 그러므로 겸손은 가르치는 일에 대단히 중요합니다.

겸손이란 자기 바깥의 사실과 메시지에 대한 태도로서, 비판 및 경험에 대한
개방성이며, 타자들의 필요와 욕구에 대한 민감성과 반응성입니다. 교수는 겸
손을 통해 학생들과 진리에게 말할 수 있는 공간을 만들어 주어야 합니다.

『가르침과 배움의 영성』

셋째, 사랑이 사람을 성장시키는 빛입니다. 사랑은 사람을 환하
게 해주고 따뜻하게 해 줍니다. 사랑은 장애와 불우한 환경을 극복
할 수 있도록 힘을 줍니다. 오래전 대학교회에서 TJB 일요특강 녹
화를 한 일이 있습니다. 강사는 맹인으로 미국에서 크게 활동하고
있는 강영우 박사였습니다. 강의가 끝난 후에 질문을 받는 순서가
되자 어떤 청년이 질문했습니다.

"실명의 고통과 좌절을 극복할 수 있었던 비결이 무엇입니까?"

그 질문에 대하여 강영우 박사는 믿음이라고 대답하였습니다. 맞
습니다. 그 분은 강연을 통해서 믿음이 좌절을 극복하는데 얼마나
큰 힘이 되었는지 이야기하였습니다.

그러나 그 분의 책을 이미 읽은 저는 믿음만이 전부는 아니었다
고 생각합니다. 그 분이 실명의 고통과 장애를 극복할 수 있었던 것
은 그의 삶에 빛을 비추어 준 아내 석은옥의 사랑과 이해와 격려가
있었기 때문입니다. 하나님의 사랑은 인간을 통해서 전달되고 경험
됩니다. 사랑이 사람을 성장시키고 바르게 살게 합니다.

# 성탄절

하나님은 피가 통하고 정이 흐르는 살갗을 통해서 사람들을 쓰다듬어 주시고 사람들과 접촉하기를 원하셨습니다. 하나님은 우리와 친구가 되기를 원하셨습니다. 그래서 하나님이 어떻게 하셨습니까? 놀라지 마십시오. 하나님은 우리와 같은 인간이 되시기를 결정하셨습니다. 그래서 예수 그리스도 안에서 우리를 찾아 오셨습니다. 하나님이 우리의 인간성을 취함으로 우리 인간의 성품과 운명을 자신의 것으로 받아들이셨습니다.

성탄절은 어둡고 냉랭한 이 세상에 하나님의 손길이 닿음으로 사랑의 불이 켜진 날입니다. 성탄절은 하나님이 예수 그리스도 안에서 우리 인간들과 접촉하심으로 생명의 불을 켜신 날입니다. 성탄절은 하나님이 우리를 향하여 사랑의 손을 내민 날입니다. 이것은 상상할 수 없는 기이한 일이기 때문에 사람들은 성탄의 메시지를 신화로 취급합니다. 그러나 사실은 옛날부터 사람들이 막연히 품고 있었던 신화 같은 이야기가 현실화된 것이 크리스마스입니다.

복음서 이야기가 들려주듯이 하나님은 예수 그리스도 안에서 인간이 되셨을 뿐 아니라 사람들을 만나고, 사람들과 이야기 하시고, 함께 먹고 마셨습니다. 어린이를 포용하시고 쓰다듬어 주셨습니다. 예수님이 우리를 찾아오시고 사랑으로 쓰다듬어 주심으로 이제 우리는 삼위일체 하나님과 사랑의 사귐을 누릴 수 있게 되었습니다. 성탄절은 손을 내밀어 우리를 만져주시고, 안아 주시고, 쓰다듬어 주시기 위하여 하나님이 사람으로 이 세상에 오신 날입니다.

# 신앙의 초점

요즈음 손주를 키우면서 그동안 잊고 있었던 것을 깨닫고 있습니다. 그것은 삶이란 선물이며 사랑이라는 사실입니다. 아기는 엄마의 젖을 먹고, 가족과 주위 사람들이 보여주는 선한 반응과 미소를 먹으면서 자랍니다. 아기는 사랑과 은혜를 받고 있기 때문에 구김살 없이 생기 있게 자랍니다. 저는 아기를 보면서 삶이란 근본적으로 선물이며 은혜임을 깨닫습니다.

그런데 우리 어른들은 어떻습니까? 삶이 마치 자기 손에 달린 것처럼 생각합니다. 삶이란 쟁취하고 확보하는 것이라고 생각합니다. 그러나 그렇지 않습니다. 깊이 들여다보면 삶은 쟁취하고 이루는 것이기 이전에 선물이요 은혜입니다. 물과 공기, 자연의 혜택, 사회와 문화, 이 모든 것이 이미 우리에게 주어졌습니다. 우리는 이미 주어진 것을 누리면서 거기에 조금 보태서 이런저런 일을 하고 있을 뿐입니다. 그런 의미에서 우리의 생명은 하나님의 은혜와 다른 사람의 수고와 사랑 그리고 수많은 식물과 동물의 희생과 죽음의 결과로 유지됩니다.

아기가 삶이란 근본적으로 선물임을 깨닫게 해 주듯이 성찬은 구원의 현실에 대한 우리의 이해를 새롭게 합니다. 성찬은 신앙의 초점입니다. 성찬은 우리의 삶과 신앙에 대하여 아주 근본적인 깨달음을 줍니다. 성찬에 참여함으로 우리는 삶과 구원에 대하여 새로운 시각을 갖게 됩니다. 우리의 생명과 구원이 근본적으로 하나님의 선물임을 깨닫게 됩니다. 성찬에 참여할 때 우리는 하나님이 베풀어주신 구원의 은총을 묵묵히 받아들입니다. 성찬에 참여함으로 우리는 손을 벌려 하나님이 예수님 안에서 하시는 일을 받습니다. 그리고 입을 벌려 먹고 마십니다.

성찬은 우리 신앙의 근본을 끊임없이 확인시켜 줍니다. 그렇기 때문에 설교가 아무리 사회적인 문제, 심리적인 문제, 윤리적인 문제를 주제로 선포되더라도 성찬이 유지되는 한 설교는 복음의 의미를 상실하지 않습니다. 우리는 결국 하나님의 은혜로 살아감을 고백하기 때문입니다. 성찬에 참여할 때 우리는 생명과 구원이 하나님의 은혜임을 확인하기 때문입니다. 그러므로 우리는 성찬이 형식적인 것 같고, 감동이 없고, 구체적으로 전달되는 메시지가 없어 보여도 주님의 성찬을 받기 위해 앞으로 나아가야 합니다.

성찬에 참여하지 않으면 우리는 쉽게 신앙의 초점을 놓치게 됩니다. 성찬이 없다면, 예수님을 우리가 모방할 수 있는 위대한 모범으로 혹은 우리가 배울 수 있는 위대한 스승으로 생각하게 만들 수 있습니다. 성찬은 우리를 하나님에게 이어주며, 그리스도인에게 이어주며, 하나님의 위대한 구원의 드라마에 동참하게 합니다.

# 3장

# 함께 사는 이야기

나는

가족, 친구, 동료, 제자, 이웃과 함께

그들 속에서 살아간다.


하나님과 함께 써나가는

나의 삶은 대부분

다른 사람과 함께 엮어가는 이야기다.


누구나

함께 사는 이야기에서

자기를 발견한다.

# 결혼기념일

   2012년 2월 27일, 오늘은 결혼 37년째 되는 날이다. 새벽녘 문득 잠에서 깨어보니 아내는 옆에서 여전히 자고 있다. 함께 누운 이불 속이 따스하다. 아내는 다리를 내 위에 걸쳐 놓고 아무렇지도 않게 자고 있다. 나도 아무렇지도 않다. 이제 서로에게 익숙해진 것이 편안하다. 가슴 설렘도 좋지만 푸근한 것도 좋다. 그런데 어떻게 아무 관계없던 남자와 여자가 이렇게 한 침대에서 자게 된 것일까?

   내가 먼저 침대에서 일어났다. 아침에 일어나면 예전과 달리 몸이 개운하지 않다. 자동차처럼 시동을 걸고 예열을 해야 부드럽게 몸이 움직이는가 보다. 세월의 흐름과 함께 몸도 낡아 삐거덕거린다. 아내는 맞선 보던 날 내 머리카락이 무척 새까맸다고 기억한다. 나는 아내가 입은 빨간 조끼와 까만 치마가 생각난다. 그런데 지금 내 머리는 하얗고, 아내는 치마를 잘 입지 않는다. 세수를 하고 아내를 깨웠다. 우리는 식탁에서 간단히 기도를 올렸다.

   '우리의 노후가 건강하고 복되게 하소서.'

   아침을 먹으면서 아내가 오늘 무엇을 할 건지 묻는다. 어제 잠들기 전에 구상했던 계획을 이야기했다. 점심을 마곡사에서 먹고, 대전에 돌아와서 함께 커피 전문점 〈고양이 낮잠〉에서 커피를 마시고, 유성에서 목욕하고, 근사한 양식집에서 식사를 하면 어떻겠냐고 했다. 아내는 저녁이 너무 기름지면 안 좋다고 돌솥밥 정도로 하잔다.

결혼하던 날이 생각난다. 대전 염광교회에서 결혼 예식을 하고 처외삼촌이 마련해준 봉고를 타고 유성 호텔에서 하룻밤을 묵었다. 그것이 신혼여행의 전부였다. 사진기도 없어서 기념사진 한 장 남은 게 없다. 그때 몇 호실에서 묵었었나? 밤에 호텔 근처 식당에서 어묵이 들어있는 무슨 음식을 먹은 것 같은데, 그것도 생각이 잘 안 난다.

신혼 첫날밤 아내와 함께 예배를 드렸다. 나는 기억이 잘 안 나는데 아내는 내가 예배를 드리자고 했단다. 예배를 드리자고 해서 좋았단다. 지금 생각하니 좀 쑥스럽다. 그때 기도 내용을 기록해 놓았더라면 좋았을 것을. 뭐 둘이 서로 아끼고 사랑하고 귀하게 여기며 어려운 세상 잘 헤쳐 나가게 해 달라고 기도하지 않았을까? 신학생이었으니까 소명을 생각하면서 기도했을까? 하여간 성(聖)스러운 예배와 성(性)스러운 향연이 벌어진 날이 37년 전 바로 오늘이다. 세월을 함께 해 준 아내가 고맙다. 열심히 살아가는 딸 내외가 고맙다. 잘 자라 주는 손주들이 고맙고 사랑스럽다.

드디어 출발이다. 먼저 은행에 들렀다. 지난 번 김해 갈 때 과속한 것이 찍혀 부과 받은 범칙금(할인 받아 32,000원)을 내는 김에 적십자 회비(15,000원)까지 내기 위해서다. 11시 쯤 공주 마곡사를 향해 떠났다. 아내와 나는 선글라스를 끼고 햇빛 찬란한 도로를 달렸다.

지현이가 보낸 결혼기념일을 축하한다는 메시지가 떴다.

"결혼기념일을 축하드려요! 두 분 모두 건강하고 행복하게 오래오래 사셨으면 좋겠어요. 사랑해욥."


그 오래오래가 언제까지일까? 아내에게 그 '오래'의 시점은 계속 늘어난다. 예전에는 애들 결혼할 때까지는 살아야 한다고 했다. 다음에는 애들 아기 날 때까지라고 했다. 딸들에게는 친정엄마가 필요하다는 것이다. 그러더니 언제부터는 손주들 초등학교 갈 때까지라고 했다. 그러더니 이제는 주영이 장가갈 때까지라고 한다. 그리고 단서가 따라 붙는다.

"그런데 당신도 같이 있어야 해. 당신 없으면 난 허당이라고."

"알았어요. 형숙 씨, 그런데 나도 당신이 없으면 허당이니 건강해야 해요."

마곡사 주차장에 도착하니 12시가 다 되었다. 먼저 점심을 먹기로 했다. 지현이 내외가 맛있게 먹었다는 태화식당에서 산채 정식과 빈대떡을 시켜 맛있게 먹었다. 합계 3만 원. 식사 후에는 2시간 정도 산책로를 따라 걸으면서 사진도 찍고 이런저런 이야기를 했다.

다시 차를 타고 유성에 오니 4시다. 커피를 마시는 것은 생략하고 목욕을 하기로 했다. 다른 건 몰라도 결혼기념일에 목욕이 생략될 수는 없지. 1시간 30분 후에 만나기로 하고 이너시티 호텔 대중목욕탕 입구에서 헤어져 각기 여탕과 남탕으로 들어갔다. 시간이 가기를 기다리며 목욕탕에서 어기적거리다가 나오니 아내가 먼저 나와 기다리고 있다. 손주 없이 혼자 목욕하니 1시간이면 충분하단다. 집에 도착하니 딸과 손주 주영이가 기다리고 있다.

# 나의 가족

이제 두 아이의 엄마가 된 현경이가 초등학교 5학년 때 쓴 작문이다. 띄어쓰기만 고치고 나머지는 그대로 옮겼다.

대전 동산초등학교 5의 1 이현경

우리 식구는 정다운 식구다. 항상 엄마는 자나깨나 동생과 내가 공부할 때 도와주신다. 잠 잘 때는 이불을 차내지 않나? 덥고 자나 와서 보시고 이마에 입맞춤을 하시고는 나가신다.

아빠는 내가 용돈을 달라고 할 때면 "너도 돈 있잖아. 네 돈은 어디다 두고 아빠 돈만 쓰니?" 라고 하신다. 그러면 나는 내 돈 1,000원을 쥐고 나간다. 오늘은 아빠께서 새 신발과 새 안경을 맞춰주신다고 하셨다. 나는 아빠에게 항상 고마움을 가진다.

내 동생 지현이는 아침마다 나를 깨워준다. 내 동생 지현이는 나의 시계이기도 하다. 일어나서 "몇 시야?" 라고 하면 친절하게 말을 해 준다. 그리고 내 동생에게는 웃기는 점이 한 가지 있다. 내 동생은 작은 키에 배가 볼록 나왔기 때문에 아빠와 엄마와 내가 배가 터지도록 웃는다. 우리 집 식구는 항상 행복한 집안이다.

아빠

우리 아빠에게는 한 가지 좋은 점이 있다. 화가 나도 절대로 찡그린 얼굴로 큰 소리를 낸 적이 없다. 아무리 화가 나도 웃는 얼굴로 말한다. 그리고 웃는 얼굴로 매를 드신다. 한 번은 아빠 생신날 내 동생이 편지를 썼는데 내용 끝부분만 쓰겠다.

'아빠 저는 아빠를 무지무지무지무지하게 사랑해요.' 라고 써서 웃었다. 아빠는 흐뭇해하셨다. 우리도 좋았다.

엄마

엄마는 항상 학교에서 돌아오면 가방을 받아 드신다. 그런데 우리 엄마는 이제야 대학원에 들어가 밤을 새우신다. 어쩔 때는 아프셔서 누우신다. 나는 엄마가 아프시면 걱정이 된다.

동생

동생과 나는 항상 싸운다. 하루에 한 번씩 싸운다. 동생이 나를 먼저 때리면 나도 때리려고 한다. 만일 동생이 나를 10번 때리면 살살 1번밖에 못 때린다. 나는 엄마가 내가 늦게 일어나서 학교에 지각을 해서 선생님한테 혼나야지 속이 풀리신다며 동생보고 깨우지 말라 하지만, 내 동생은 엄마 몰래 나를 깨워준다. 나도 언젠가 동생에게 무엇인가 해주고 싶다.

나

내 별명은 황소, 번개 등등. 황소란 별명은 내가 부지런하다는 뜻이다. 그리고 번개란 별명은 빨리 잘해서 생긴 별명이다.


지금 읽어보니 그 당시 나는 재미있어서 한 말인데 현경이는 실망했던 모양이다. 아빠에게 거절당하고 자기 돈 1,000원을 들고 나가는 마음이 어땠을까? 그리고 웃는 얼굴로 매를 든다는 것은 또 무엇인가? 엄마에 대한 걱정, 동생 지현이와 어린 시절 함께 지내던 모습이 보이는 것 같다. 그리고 지금은 밝혀도 될 것 같다. 번개란 별명은 현경이가 일을 빨리 잘해서 붙인 별명이 아니라, 하도 느려서 빨리 잘하라는 뜻으로 준 격려성 별명이다.

# 딸과 아빠의 글 씨름

2002년 식목일에 고생하는 아내를 보면서 느낀 점을 싸이월드에 옮겼는데, 아빠의 글에서 한국 남편들의 위선을 보았는지, 현경이가 따끔하게 한마디 했다. 그래서 나도 현경이에게 한마디 했다. 딸과 글 씨름을 했다. 사전에는 말씨름, 팔씨름은 있는데 글 씨름이란 말은 없다. 이런 경우를 위해서 글 씨름이란 말을 사전에 추가해야겠다.


(나의 처음 글)

엄마는 봄김치를 담근다고 어젯밤부터 일을 하더니 지치셨는지
옆에서 누워있구나.
지금 막 일어나서 벌려놓은 김치를 끝내야 한다고 일어나 베란다로 나가셨다.
내가 싸이월드에 글을 쓰는 것을 보더니 지나가면서 한마디 한다.
"아직도 써요? 아주 논문을 쓰시는구면!"
내친김에 논문을 써야 할 모양이다.
제목은 〈왜 한국의 엄마들은 그처럼 희생적이어야 하는가?〉
아빠는 아프면 그냥 쉬면서 늘어지는데,
엄마는 아파도 해야 할 일에서 헤어 나오지 못하시는구나.
아빠가 아프면 엄마가 고생이고 엄마가 아프면 엄마가 더 고생이라는 말이 맞는 것 같다.

너희들은 아빠보다 더 다정하고 건강하고 좋은 사람을 만났으면 좋겠다.
그런 사람 만나게 될 것이다.

(딸의 댓글)

왜 자꾸 희생이라는 표현을 쓰는지 모르겠군요.
남편과 자녀에 대한 뜨거운 사랑에서 비롯된 것이 아닌가요.
사랑 없는 희생은 한낱 노동에 불과하죠.
엄마가 사랑하는 가족을 위해서 더 힘쓰는 것이 안쓰럽게 보이신 모양인데,
그렇다면 그렇게 논문만 쓰지 마시고, 몸을 일으켜 세우시고 청소기 들고 방
청소라도 하심이 …… 어떠실는지.
아니면 김치 담그고 난 뒷정리를 솔선수범하시어 ……도우시든가.
만날 아파서 침대에 누워 있지 않기 위한 건강관리를 체계적으로 하시든가,
아빠 먼저 침대에 쏙 들어가서 주무시지 마시고, 엄마 주무시기 전까지 기다
리셨다가 엄마 안마라도 해주시든가,
그저 지현이와 제가 아빠보다 더 다정한 사람 만나면, 엄마의 피곤함이 사라
집니까?
물론 우리들이 아빠보다 더 다정한 사람 만나서 매일 행복 자랑하면야,
당연히 부모로서 지난 힘든 일들 잊힐지 모르지만,
현재의 육체적 피로는 어디까지나 육체의 피로입니다.
"한국의 엄마들은 그처럼 희생적이어야 하는가?"보다는,
"가족애 깊은 한국 엄마들을 위해 한국 아빠들이 해야 할 수행 과제와 행동 방
침에 대한 연구"가 더 바람직한 논문 제목일 듯하군요.

(다시 나의 댓글)

네 말이 맞다.
전화를 해도 받지는 않으면서 즉각 답신 글이 뜨는 것을 보면 너 지금 학교 있
는 거 맞지?
그건 그렇구. 참 네 말이 맞다.

　방금 엄마가 네 글을 보고는 피곤이 확 풀리는지 웃으면서 나간다.

네 말에 매우 공감이 되시는 모양이구나.

나도 이 글 쓰는 거 빨리 끝내고 뒷정리를 도와야 할 것 같다.


그런데,

너 나중에 남편한테는 너무 말 잘하지 말아라.

남자가 할 말이 없으면 자존심 상해 하니 말이다.

엄마 아빠는 무조건 네가 자랑스럽지만, 다른 사람은 그렇지 않을 수도 있단다.

아까 말했듯이 재주를 약간 숨겨 놓고 내숭떠는 것도 필요하다.

하여간 너의 글에는 재주와 지혜와 설득력이 가득 들어있구나.


어제 〈상도〉라는 드라마 녹화한 것을 보는데,

잔에 물이 가득차면 쏟아진다고 하면서

가득 채우지 말라는 교훈을 하는 장면이 나오더구나.

너의 재주를 다른 사람에게는 10분의 8 정도만 나타내는 게 좋을 듯싶다.

오늘 내내 재미있구나.

# 만인산

"만인산 휴게소에 가서 산도 오르고 우동도 먹고 오자."

토요일 오후 점심을 먹고 무료하게 지내다가 아내에게 말했다. 아내도 좋다고 하여 우리는 천변 길을 따라가다 금산 가는 샛길로 빠져, 3시쯤 추부터널 직전에 있는 만인산 휴게소에 도착하였다. 한국에서 제일 예쁜 휴게소라고 하는데, 정말 그 말이 맞는 것 같다. 산길이 완만해 나이든 사람들도 힘들이지 않고 걸을 수 있는 산이다. 앞으로 더 나이가 들어도 종종 들르게 될 것 같다.

우리는 차에서 내려 느긋하게 만인산을 걸어 올랐다. 빨간 단풍잎이 달려있고 낙엽이 구르는데 가을 냄새가 가슴에 스며든다. 가을이라고 다 같은 가을이 아닌 것 같다. 가을의 속살을 맡고 느낄 수 있는 그런 가을 오후다. 너무나 아름다워 애잔하기조차 한 가을 정취에 우리는 거의 같은 순간에 각자의 느낌을 이야기했다.

"너무 아름답고 예쁜데, 왜 이렇게 마음이 짠하지?"

"그래, 황홀하게 아름다운데 왜 이렇게 가슴이 아려오는지 모르겠어. 어떤 슬픔 같은 것이 가슴을 적시네."

"우리 애들은 이런 느낌을 모를 거야."

"그래 지금은 느낄 수 없지. 애들도 나이가 들면 그때 느끼겠지."

우리는 한가롭게 산을 오르면서 펼쳐지는 풍경에 계속 감탄했다. 아내는 나보고 시인이니까 시를 써보라고 한다. 멀리 비스듬히 비치는 저녁 햇살에 붉고 노란 단풍들이 가을을 더 아름답게 꾸미고 있다. 산 정상에 있는 정자에 앉아 애들에게 문자메시지를 띄웠다. 카메라를 가져오지 않은 것을 아쉬워하면서 산에서 내려왔다. 내려오다가 예쁘게 물든 빨간 잎 하나를 따서 슬그머니 아내 주머니에 넣어 주었다.

휴게소로 내려온 우리는 산을 바라보는 야외 식탁에 앉아 후르륵후르륵 우동을 국물 한 방울 남기지 않고 다 먹었다. 아내는 내가 양이 부족할까 봐 어묵 몇 개와 국수를 건져 내 그릇에 담아준다. 전망 좋은 자리를 남에게 빼앗길까 봐 나보고 그냥 앉아있으라고 하더니 아내는 휴게소 매점에서 모카커피와 커피 라테를 가져왔다.

커피를 마시는 중에 산은 조금씩 조금씩 그늘에 잠기더니 이내 어두워진다. 바로 옆 이층 식당에서는 조금 비싼 요리를 먹을 수 있다. 아내에게 말했다.

"다음에는 저 식당에서 먹어보자. 그리고 맛있으면 애들과 함께 와서 먹자."

"그래요."

아내도 좋아한다. 11월 내 생일에 애들이 오면 저 식당에서 연어 요리나 안심스테이크를 먹어야지. 물론 돈은 내가 낸다. 칼빈의 기독교 강요에 이런 말이 있다.



나는 거기에다 덧붙이고 싶다.

"하나님은 산과 들을 인간의 생존 조건으로만 주신 것이 아니라 아름다움을 느끼고 기뻐하라고 주셨다."

"하나님은 결혼을 자손의 번식만을 위해 주신 것이 아니라 서로 사랑하고 즐거우라고 남자와 여자를 만나게 하셨다."

우리는 소유하지 않더라도 즐기고 감탄하고 기뻐할 일이 참 많다는 생각을 했다. 우리가 서로 사랑하면 참 좋은 세상인데…….  미워하고 싸우는 사람들, 돈이 없어서 굶주리는 사람들 생각을 하면 미안한 생각이 들기도 한다. 북녘 땅의 가을도 아름다울 텐데.

(2006. 10. 21)

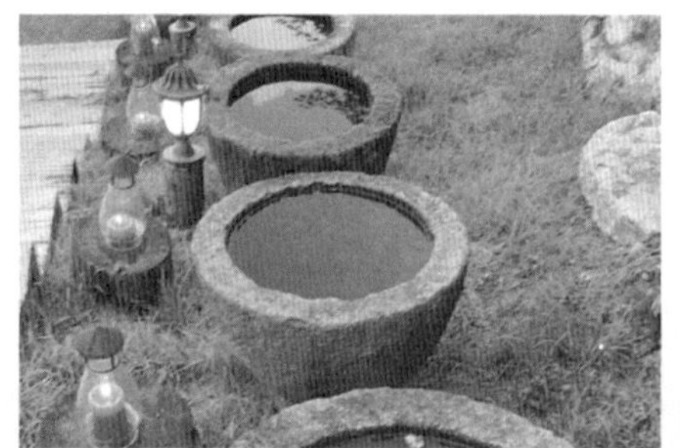

만인산 옛터

# 회갑을 맞이하여

어느덧 60년의 세월이 흘렀다. 그동안 함께 해 주시고 돌보아 주신 하나님의 은혜가 감사하다. 그리고 부모님에게도 감사할 뿐이다. 그리고 기쁠 때 함께 기뻐해 주고, 슬프고 힘들 때 나보다 더 나를 걱정해준 당신! 정말 고마워요. 그리고 또 잘 성장해준 현경이! 지현이! 너희들은 나의 자랑과 기쁨이었고 지금도 여전히 그렇다. 거기에다가 또 성실하고 한결같은 강 서방! 듬직하고 정이 많은 한 서방! 어디서 어떻게 살다가 이렇게 현경이 지현이의 신랑이 되었는지! 딸들이 행복해 하니 정말 기쁘고 고맙다.

작년 송구영신 모임에 은근히 기대했었지. 내 회갑 모임에는 현경이가 손주를 데려오고, 지현이가 신랑과 함께 나타나면 좋겠다고. 그런데 정말 그렇게 되었구나. 어떤 때는 내가 정말 이렇게 행복해도 되나 싶을 때가 있다. 너희들노 서로 존경하고 배려하면서 사랑의 나무를 잘 키워가기 바란다.

그날 지현이와 한 서방이 나 몰래 준비한 깜짝 선물, 앨범을 받고 놀랐다. 그리고 기뻤다. 고등학생 시절, 대학 시절, 군대 시절, 결혼과 함께 우리 식구들과 함께 하며 지나온 세월의 흔적이 잘 정리돼

있더구나. 그 중에는 내 생일인지 어버이날인지, 현경이 지현이가 축하 노래를 불러주는 사진도 있더구나. 그렇게 천진난만하게 노래 부르던 아이들이 엄마가 되고 아내가 되어 열심히 살고 있는 것을 보니 세월이 참 빠르다.

내 책상 서랍 한 구석에는 지금도 너희들이 내 생일 때 준 편지들이 있다. 아빠에 대한 사랑, 미래에 대한 다짐 등이 어린이다운 순진한 말로 표현되어 있다. 현경이가 이번 엄마 생일에 준 편지를 보면서 내심 나도 회갑 때 마음이 담긴 편지를 받을 수 있기를 기대했었는데……. 그래도 너희들 마음을 알기 때문에 나는 여전히 기쁘다.

이번 금요일은 현경이가 엄마가 되고 나서 처음 맞이하는 특별한 생일이구나. 건희를 생일 선물로 받았으니 특별히 받고 싶은 선물이 더 있을까 싶다만, 그래도 받고 싶은 것이 있으면 이야기해라.

엄마는 김장 준비로 바쁠 것이고 아빠는 기독교학과 학술제가 있어서 갈 시간이 없다. 그래도 사랑하는 남편과 아들이 옆에 있으니 얼마나 행복하냐. 행복과 기쁨과 감사는 느끼고 표현하는 만큼 자신의 것이 되는 것 같다. 남과 비교하고, 없는 것을 불평하기보다 내게 있는 것을 알아보고 고마워하며, 조그만 일에도 감동하고 감사하기 바란다.


회갑을 기해 엄마와 여행을 했으면 한다. 그리고 무엇인가 다른 사람에게 도움을 줄 수 있는 일을 하고 싶다. 이것은 엄마와 한 번

진지하게 의논해 보려고 한다.

올해 송년회는 어떻게 했으면 좋을지 모르겠구나. 건희도 태어나고 해서 다니는 것도 힘들고 너희들 일정도 가능한지 모르겠다. 아빠 생각에는 12월 8일 토요일이나 15일 토요일에 대전 집에서 송년의 의미를 되새기며 함께 이야기하며 지내는 것은 어떨까 싶은데? 현경이는 그때 대전 할아버지에게 건희를 보여드리면 좋을 것 같고. 연말이 되면 회사와 동창들의 모임이 많아 시간을 내기가 어렵겠지? 그래도 가능한 한 시간을 낼 수 있으면 좋겠다. 현경이와 지현이가 남편들의 일정과 의견을 참고하여 적절한 날짜를 정해 보기 바란다.

날씨가 차다. 옷을 따스하게 입어 좋은 컨디션 유지하면서 열심히 살기 바란다.

# 그럴 리가 없지만

　그럴 리가 없지만 만약 다시 태어난다면 김형숙 지금 아내와 다시 살고 싶다. 그전에는 그런 말을 하면 다른 여자는 어떤지 궁금해서 다시 태어난다면 다른 여자와 살아보고 싶다고 했다. 아내는 겉으로는 웃었지만 속으로는 많이 서운해했을 것이다. 그런데 생각해 보니 아무래도 다른 여자와 사는 것은 큰 실수일 것 같다. 누굴 만날지 어떻게 알아. 아무리 생각해도 지금 아내 김형숙이 최고다. 누가 나를 그렇게 챙겨주고 아껴주겠는가. 며칠 전부터 이런 생각을 했는데 지금 시간이 나서 이렇게 몇 자 적는다. '여보! 사랑해!'

　그런데 그럴 리가 없겠지만 만약 다시 태어난다면 연애는 찐하게 하다가 천천히 결혼하자. 우리는 제대로 알기도 전에 결혼이 결정되어서 긴장감이 없었던 것 같아. 그래서 결혼 후에라도 긴장감이 있으라고 그랬는지 결혼 초에 아내와 나는 서울과 대전에서 떨어져 살았다. 나는 신학생이어서 서울에, 아내는 초등학교 교사로 대전에 있었다. 그래서 한참동안 연애하는 기분으로 살았다. 그런데 결혼 30년이 지난 지금 우리는 또 서울과 대전에서 살고 있다. 아내는 딸 현경이의 아기를 보러 서울에 있고, 나는 대전에 있다. 항상 연애 기분으로 긴장하면서 살라는 뜻인가?

# 성자가 되기 싫어

주일 아침이다. 아내와 가정예배를 드렸다. 내가 사회와 기도를 맡은 날이다. 찬송 377장 '전능하신 주 하나님'을 부른 후 성경을 함께 읽고 내가 기도를 드렸다. 현경이네, 지현이네, 어머니, 형제자매들, 조카들, 교회, 대한민국과 북한 동포를 위해 기도하고 마지막으로 우리 부부를 위한 기도를 했다.

우리 부부 노후의 삶이 주님의 은혜 가운데 빛나고 아름답게 하소서.

내가 기도해 놓고도 '빛나고 아름답게'라는 말이 노후의 삶에 안 어울리는 말 같아 멋쩍었다. 그렇지만 우리의 절실한 소원을 담았다는 생각도 든다.

그런데 문제는 현관 문 앞에서 벌어졌다. 지난주에 IVP 문서학교에 가져갔던 여행 가방을 신발 벗는 곳 한편에 세워 놓았다. 월요일 교목실 수련회 장소인 대천에 가기 위하여 또 사용해야 했기 때문이다. 그런데 아침에 아내가 충전기를 찾는다고 가방을 열었다가 닫지도 않고 현관 앞, 마루에다 그대로 놓았다. 가방이 그 자리에 있으면 드나드는 데 방해가 된다고 생각한 나는 가방을 다시 신발 벗는 곳에 세워 놓아야겠다고 생각하면서 큰 소리로 말했다.

"가방을 열어보았으면 다시 제자리에 놓아야지."

아내가 미안해하며 말했다.

"충전기가 안 보여 찾으려고 열었어요."

나는 또 구시렁구시렁 불편스러운 말을 했다.

"문제는 충전기를 찾으려고 가방을 열어본 것이 아니라, 왜 가방을 제자리에 놓지 않았느냐는 거예요."

그렇게 말하면서 가방을 현관에 다시 세워 놓으려는데 가방이 열려 있어서 안에 있던 옷가지 등이 쏟아지려 한다. 나는 황급히 옷가지를 주워 담으며 소리를 질렀다.

"가방을 열었으면 닫아 놓아야지 이게 뭐야."


오호 통재라. 불과 1시간 전에 "노후의 삶이 빛나고 아름답게 하소서!"라고 거룩하게 기도했는데……. 순간 아까 기도한 내용이 무색해졌다는 생각에 속으로 웃었다.

아침을 먹고 교회로 향했다. 자동차 안에서 아내가 사과하였다.

"미안해, 여보. 나는 당신을 성자 같다고 생각하는데, 당신이 큰 소리를 지르게 해서."

나는 웃으며 말했다.

"성자는 무슨 -_-; 제발, 그런 말 하지 마, 나는 성자가 되기 싫단 말이야."

사실 나는 실수도 하고 게으름도 피고 그냥 보통 사람으로 사는

것을 좋아한다. 누구는 연애할 때 콩깍지가 껴 상대방 흠이 안 보인
다고 하는데, 아내는 나하고 살면서 서서히 눈에 콩깍지가 끼어가
는 것 같다. 아내는 나에게 말한다.

"당신은 어떤 여자하고 살아도 잘살 거야"

하지만 사실은 아내야말로 어떤 남자하고 살아도 잘살 것 같다.
남편의 단점은 안 보이고 좋은 점만 보이기 때문이다.


오늘 설교는 계재광 목사님이 했다. 훌륭한 설교였다. 본문은 요
한복음 21:15-18. 제목은 '네가 나를 사랑하느냐?' 설교를 들으면
왜 예화가 더 잘 기억되는지. 설교자가 '희생'에 대해 이야기를 하다
가 이런 예화를 들려주었다.

어느 부부가 싸움을 했단다. 서로 상대방 때문에 포기하고 사는 것이 많아 억
울해하며 살았단다. 서로 자기가 포기하는 것이 많다고 소리를 질렀단다. 그런
데 아내가 다음과 같은 말을 하여 한방에 전세를 역전시켰단다.

"그래요. 결혼했기 때문에 당신이 포기한 것이 참 많지요. 결혼해서 당신은 청
소하기를 포기했고, 세탁하는 것을 포기했고, 설거지 하는 것을 포기했지요."
그렇게 말하고 아내는 문을 쾅 닫아버렸다.


나는 설교를 들으며 흐흐 웃었다. 정말 그러네. 오후에 나는 일
기를 쓰고 다음 주일 설교 준비를 했다. 아내는 주방에서 팥과 콩
에 돌이 있는지 골라내면서 소고기 장조림을 하는 것 같았다. 아내
에게 4시 반쯤 남선 공원에서 한 시간 정도 걷고 청국장 집에서 저

녁을 먹자고 했다. 아내는 귀찮은 모양이다. 가기 싫다는 것을 억지
로 끌다시피 하여 나섰다. 다리가 조금 아프다고 한다. 조심스럽게
걷고 청국장 집에 갔다. 오랜만에 먹는 청국장찌개가 맛있었다. 7시
55분 오작교 형제들 마지막 회를 아내와 함께 재미있게 보았다. 주
일 밤 엉터리 성자의 행복한 마무리였다.

# 우리 건희

아장아장 걷는 모습이 눈에 선한 건희가
이제 18개월이 된다.


태어난 지 18개월이라……,
벌써 그렇게 시간이 갔단 말인가?
지금도 굴러다니면서 자는지?
태어나서 처음에 굴러다니며 자는 건희를 보면서
신기해하던 때가 엊그제 같다.


맨 처음에 자기 몸을 움직이지 못하니까
등이 뜨거우면 울어서 자기 의사를 나타냈는데……,
언제부터인가 울지 않고 스스로 굴러다니면서 잠자던 건희였다.
얼마 후에는 굴러서 자기가 가고 싶은 곳으로 가고……,


그러더니 어느 날
건희는 갑자기 온 힘을 다해 기어서

원하는 곳으로 가고,

군대에서 하는 포복 자세로

아주 세게 그리고 빠르게 나르듯이 기어서

목표점에 다다른다.

그러던 건희가 이제는 두 다리로 걷는 것은 물론 달리기도 하겠다.

건희를 생각하면 슬며시 웃음과 기쁨과 감사가 넘쳐난다.


동영상의 건희가 이마트 동물원과 수족관 앞에서

유리를 통해서 만지고

손가락으로 가리키고

소리를 지르면서

보고 또 보고 하는 모습이

참 신기하다.

건희는 모든 것이 새롭고 신기하게 여겨지겠지?

보고 만지고 느끼는 것이

발달에 기여하는 것이니까

많은 기회를 접하게

해 주어야지.


또 어느 날 말로써,

갑자기 문장을 구사하면서 또 우리를 놀라게 하겠지?

이상한 낱말로 우리를 놀라게 하고……,

그러면서 예쁜 소년으로 청년으로 장년으로 자라리라 생각하니
내 맘이 이렇게 좋을 수가 없다.


지현이의 태중아기도 남자란다.
그래서 그런지 길을 가다가도 남자아이만 보인다.
크든 작든 남자아이만 보인다.


그래 매일이 기쁘고 감사가 넘친다.
건희와 현경 부부와 지현 부부,
그리고 건희 할머니와 지현이 목포 시부모님과 대전 아빠, 엄마
모두 모두,
감사와 기쁨이 충만하기를 기도한다.
(2009. 3. 24. 아내 김형숙이 쓴 글이다.)

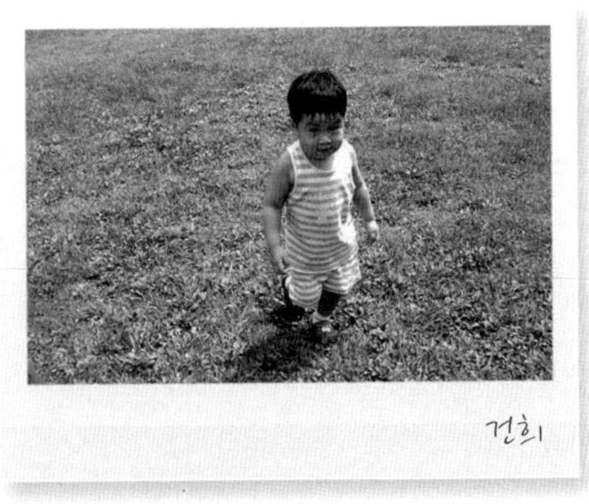

# 엄마 같은 아내

딸 지현이가 주영이를 데리고 논산에 있는 딸기밭에 간다고 떠났다. 손주를 보내고 자유를 얻은 아내와 나는 나가서 점심을 먹은 후에 계룡산을 걷다 오기로 의견을 모았다. 점심은 전자통신연구원 가는 길 네거리 오른쪽에 있는 〈털보네 곰탕〉에서 먹었다. 도가니탕 1만 원 합계 2만 원을 썼다. 어려웠던 시절을 회상하며 아내의 감사와 감동의 멘트가 또 나온다.

"만 원짜리 도가니탕을 이렇게 부담 없이 먹을 수 있어서 감사하고 행복해요."

젊은 시절에 겪은 어려움과 가난은 나이 들어 사람을 행복하게 하고 만족할 줄 알게 만든다. 젊어 고생은 돈 주고도 산다는 옛말에는 젊은 시절의 고난이 사람을 성숙하게 하고 더 좋게 빚어낸다는 어른들의 지혜가 담겨 있다. 밥을 먹으면서 아내가 주의를 준다.

"왼손을 상에 올려놓지 말아요. 국물이 소매에 떨어져요. 도가니를 기름장에 찍어먹지 말아요. TV에 보니 식당에서 사용하고 버리는 기름을 쓴다고 해요. 도가니를 김칫국물에 찍어 먹으면 더 맛있어요."

나는 모르는 척 도가니를 기름장에 찍어 먹는다.

'그런 식당도 있고 안 그런 식당도 있지.'

이건 내가 혼자서 속으로 한 말이다. 그리고 아내에게 이렇게 혼잣말처럼 말했다.

"모르는 게 약이라잖아."

돌솥밥을 다 먹으니 배가 부르다. 차를 타고 아파트 건설 현장에 갔다. 어느 동은 2층 정도까지 건물이 올라갔다. 103동은 바닥 콘크리트를 치는 중인 것 같다. 길에 서서 아파트 창밖에 펼쳐지는 앞산 경치를 상상해 보았다. 아내는 수요일 저녁 예배에 참석할 반석 전원교회를 가보고 싶어 했다. 함께 걷는데 바람이 세차다. 눈발도 휘날린다. 그래서 계룡산 산행을 포기하고 집으로 왔다.

피곤해서 누웠는데 깨보니 저녁 7시가 넘었다. 점심을 잘 먹은 탓인지 밥 생각이 없다. 아내는 〈넝쿨째 굴러온 당신〉이라는 드라마를 보고 있고, 나는 보다말다 하며 어제 일기를 썼다. 드라마는 아버지가 어릴 때 잃어버린 아들을 알아보고 껴안는 장면으로 끝이 났다. 넝쿨째 굴러온 시댁 식구들이 누구인지 알게 된 김남주가 앞으로 어떻게 처신하게 될지 궁금하다. 그러나 작가와 감독이 드라마를 잘 이끌고 갈 수 있을지 의문이다. 작가가 너무 많은 것을 보여주려고 한다. 초점이 확실했으면 좋겠다. 설교도, 글도 너무 많은 것을 주려고 하면 안 될 것 같다.

결국 밤 9시가 넘어서 달걀을 두 개 삶아서 하나씩 먹었다. 삶은 달걀을 소금에 찍어 먹으려는 나에게 아내는 또 주의를 준다. 짜게 먹지 말라는 거다. 나는 삶은 달걀은 소금에 찍어 먹어야 제맛이라는 신념이 있다. 그래서 아내의 말을 무시하고 굵은 소금 몇 알을 가져다 달걀에 얹어 먹었다. 그리고 밥을 김칫국물에 말아서 조금 더 먹었다.

밤늦게 아내와 함께 TV로 〈Cold Mountain〉이란 영화를 보았다. 미국 남북전쟁을 배경으로 마음이 순결한 남녀의 운명적인 사랑과 전쟁 중에 산골에서 힘겨운 삶을 이어가는 두 여인의 우정을 그렸다. 전쟁의 야만성과 비인간성을 보여준다. 좋은 영화다. 그리고 침대에 누워 잤다. 아내는 여전히 기침이 심하다. 그냥 약을 먹고 버틴다. 뭐라고 하면 이제 다 나았단다.

다음 날 점심은 찬밥을 데워서 국에 말아 먹었다. 아내가 특별히 만든 북엇국에 적당히 밥을 말아먹는데, 아내는 내게 허락도 없이 냄비에 남아 있던 건더기를 쏟아 붓는다. 내가 싫다고 소리를 질렀다. 아내는 웃지도 않고 다 나를 위해 주는 것이니 불평하지 말고 먹으라는 표정이다. 미안한 기색도 없다. 아내의 사랑에 눈물(?)이 날 지경이다. 어릴 때 엄마에게 그런 식으로 여러 번 당한 딸들의 마음을 알 것 같다. 아내는 이제 내게도 엄마가 되려고 한다.

# 엄마에게 딸이란

주일 아침 대학교회에서 마태복음 15장에 나오는 가나안 여인의 믿음을 주제로 설교했다. 설교를 준비하면서 그 본문을 묵상하다가 엄마에게 딸이란 어떤 존재인지 생각하게 되었다. 한마디로 딸이란 엄마의 기쁨, 아픔이란 생각이 들었다. 딸의 기쁨이 엄마의 기쁨이고 딸의 아픔이 그대로 엄마의 아픔이 된다.

아들을 키워보지 않았기에 엄마에게 아들이 어떤 존재인지 잘 모르겠다. 그저 든든하고, 그러다가 자기 고집대로 행동하거나 엄마를 섭섭하게 하면 화가 날 것 같다. 그러나 딸을 둔 모든 엄마는 딸에 대해서 화를 내기보다는 늘 걱정한다. 딸의 표정을 보고 기뻐하고, 딸의 이야기를 듣고 환호한다. 딸의 표정을 보고 근심하고, 딸의 이야기를 듣고 가슴이 무너져 내린다.

그래서 오늘 아침 이런 명언 같지 않은 명언을 생각해 냈다.

딸을 키워보지 않은 엄마들은 엄마의 인생에 대해서 이야기하지 말라.

# 본희 돌 모임

본희 돌 모임을 갖기로 한 날이다. 아침 7시 50분경 지현이와 주영이 그리고 아내와 함께 서울로 향했다. 지현이는 가는 내내 말이 없다. 어제 나와 전화한 후 이런저런 일로 심난하고 서운한 마음이 드는 모양이다. 그러더니 주영이와 함께 잠에 빠져들었다. 현경이네 집에 도착하니 10시 20분쯤 되었다.

본희는 평소와 다름없이 평온한 얼굴로 할머니와 함께 있고, 작은 식탁에는 초코파이, 새우깡, 꼬깔콘, 귤 등이 차려져 있다. 11시가 조금 넘어 한 서방이 도착하였다. 강 서방과 현경이는 풍선에 바람을 넣어 벽에 붙여 놓았다. 지금 생각인데, 본희에게 화사한 옷도 입히고, 떡이라도 차려 놓고 사진을 찍었어야 하지 않았을까? 나중에 본희가 사진에서 자기 차림새와 생일상을 보면 참 가난했던 모양이라고 생각할 것 같다. 그러나 나는 생일상을 소박하게 차려놓고 아무렇지도 않게 생각하는 강 서방과 현경이가 좋게만 보였다. 없어서 그런 것도 아니고, 사랑이 부족해서 그런 것도 아니지 않은가?

예배를 드리면서 요한일서 4장 7절에서 12절까지 읽었다. 본희가 하나님의 사랑 안에서, 할머니와 부모의 사랑을 듬뿍 받으며 잘 자랐음을 감사하는 말을 하고 싶었다. 사람은 사랑을 먹고 산다는 깨달음을 함께 나누고 싶었다. 그러나 본문만 읽고 설교는 하지 않았다.

준비해온 기도문으로 마음을 모아 기도를 드렸다. 본희가 사랑이 풍부한 사람, 사랑받고 사랑하면서 아름답게 성장하기를 기도하였다. 믿음으로 살아가기를 기원하였다. 좋은 배움으로 자신을 성장시키고, 세계적으로 뜻을 펼칠 수 있는 사람이 되기를 기도하였다.

사진을 찍고 나서 1시간 남짓 걸리는 덕소에 있는 〈하늘정원〉이라는 식당에서 함께 점심을 먹었다. 식사 후 차를 마실 때 현경이네 안사돈께서 제주도에 계신 90이 넘으신 친정어머니 상황을 이야기하셨다. 어머니를 돌보아 드리지 못해서 마음이 많이 아프신 모양이다. 사정은 알고 있었지만 직접 듣고 보니 마음이 무겁다. 어떻게 하면 좋을까? 시어머니가 제주도에 가시면 현경이가 회사 일을 하기 어려울 텐데.

여기에 본희 돌 감사 예배 때 드린 기도문을 올려놓는다.

하나님 아버지! 본희가 돌을 맞이하였습니다. 지난 일 년 동안 돌보시고 함께 하신 하나님의 은혜에 감사드립니다. 이 아이를 통해서 하나님 영광 받으시옵소서. 본희를 낳고 기른 엄마, 아빠, 할머니 그리고 오빠인 건희에게 복을 내려주옵소서. 본희가 잘 자라서 이 가정에 기쁨이 되게 하시고 자랑이 되게 하옵소서.

사랑의 하나님! 본희가 사랑이 가득한 사람이 되게 하소서. 감수성이 풍부하여 자연과 예술의 아름다움을 누리고 표현할 줄 알게 하옵소서. 자신을 사랑하고 존중할 줄 알게 하옵소서. 사람을 차별하지 않고 친절하고 부드럽게 대하게 하옵소서. 그래서 나이가 들수록 더 아름답고 매력적인 여인이 되게 하옵소서.

믿음이 좋은 사람이 되게 하소서. 하나님을 경외함으로 험한 세상에서 용기 있고, 순결하게 살아가게 하옵소서. 감사하는 마음으로 살게 하옵소서. 기도의 사람이 되게 하옵소서. 하나님에게 인정받고, 사람들에게 신뢰와 존경을 받게 하옵소서.

배움의 기쁨을 알게 하소서. 상상력이 풍부하고 지혜로운 여인이 되게 하옵소서. 겸손의 미덕을 갖춘 보석 같이 빛나는 존재가 되게 하옵소서. 자신의 탤런트를 발견하고 잘 키워 세계를 무대로 활동할 수 있는 역량을 갖추게 하옵소서. 오늘보다 더 나은 내일을 열어가는 사람이 되게 하옵소서.

좋은 습관을 갖게 하소서. 나쁜 습관이 몸에 배지 않게 하옵소서. 자신의 몸을 잘 단련하여 건강한 체력과 아름다운 몸매를 유지하게 하소서. 좋은 습관을 통해 신앙생활, 독서생활, 학습태도, 대인관계, 언어생활이 향상되게 하시고, 그래서 삶이 풍요롭고 하는 일이 빛나게 하옵소서.

만남의 축복을 누리게 하소서. 훌륭한 선생님, 긍정적인 친구, 신실한 목사님, 좋은 남편을 만나게 하옵소서. 본희를 만남으로 사람들이 성장하고 행복하게 하옵소서. 본희로 인하여 세상이 더 평화롭고 아름다워지게 하옵소서.

본희를 이 가정에 보내주신 참 좋으신 하나님! 이 가정이 본희가 밝고 건강하게 자랄 수 있는 사랑의 울타리가 되게 하옵소서. 이 가정이 하나님을 경외하는 법을 배우는 성전이 되게 하옵소서. 우리나라를 평화롭게 하옵소서. 하나님께 모든 영광을 돌리오며, 우리 주 예수 그리스도 이름으로 기도드립니다. 아멘.

# 엄마로 산다는 것

요즈음 컨디션이 영 말이 아니다. 주영이, 아내에 이어 내게도 감기가 찾아왔다. 와락와락 아픈 것도 아니고 시름시름 만사가 귀찮고 흥이 나지 않는다. 그래서 일기도 쓰지 않았다. 특별히 쓸 내용도 없다고 생각했다. 그러나 언제는 뭐 특별한 일이 있어서 일기를 썼나? 그날에 있었던 일에 의미를 부여하여 일기에 담았던 거지. 내가 봄을 타는 모양이다.

어제는 김성숙 이비인후과에 가서 감기 치료를 받았다. 엉덩이 주사도 맞고 약도 타 왔다. 의사와 환자로 만난 지 어언 20년이 되었다. 그렇게 의사도 환자도 함께 나이 들어가고 있다. 집에 와서 안마의자에 누워 쉬다가 아내와 함께 어린이집에 있는 주영이를 데리러 갔다. 주영이는 변화무쌍하다. 내가 저녁에 데리러 가면 반기며 나왔는데, 어제 아내가 데리러 들어가니 더 놀겠다고 복도에 주저앉아 울었다고 한다. 집에 와서도 아내를 힘들게 한다.

글을 쓰면서 연구실 벽에 걸린 달력을 보니 아직 3월이다. 컴퓨

터에 올려놓은 탁상 달력은 벌써 5월이다. 마음을 잡지 못하고, 정돈되지 못한 내 마음을 보여주는 것 같다. 일기를 쓰다 말고 달력들을 모두 4월로 정위치시켰다. 나도 몸과 마음을 추스르고 힘을 내야겠다.

오늘은 4월 5일 식목일이자 본희의 생일이다. 한 송이 예쁜 꽃을 피우기 위해서 봄부터 소쩍새가 그렇게 울었고, 여름에는 천둥과 벼락이 쳤었지. 그렇게 소쩍새 우는 봄, 천둥치는 여름, 가을, 겨울이 지나는 동안 기울인 본희 할머니의 사랑과 수고가 있었기에 본희는 편안할 수 있었고 웃을 수 있었다. 자기 때문에 할머니와 부모가 어떤 고민을 하는지 알 턱도 없고, 알 필요도 없는 본희는 그냥 평화롭게 하루하루를 산다. 부디 건강하고 예쁘게 잘 자라거라.

아내는 이모와 함께 대화동에 파마를 하러 갔다. 파마를 하고 나면 마음이 활짝 피려나? 요즈음 아내의 마음은 계속 흐림이다. 계속되는 일상이 버겁고 지치는 모양이다. 특별히 뜻을 담아 한 말이 아니더라도 그 말에 상처를 받고 예민하게 반응한다.

지난 번 서울에서 건희 할머니 친정엄마 이야기를 듣고 온 아내는 마음이 짠하고, 뭔지 모를 슬픔이 가슴 한편에 고이는 모양이다. 그 후 요즘 며칠 동안 아내는 엄마의 일생에 대해서 자꾸 생각하게 된다고 한다. 엄마로서 동동거리며 살아가는 두 딸의 삶, 그 두 딸의 엄마로 살아온 자신의 삶, 수년 전에 돌아가신 친정엄마의 처연

했던 삶, 건희와 본희를 키우고 계신 건희 할머니의 힘겨웠던 엄마로서의 삶 그리고 건희 할머니의 친정어머니가 겪어야 했던 혹독했던 엄마로서의 삶. 과연 엄마로 산다는 것이 무엇일까?

아내는 예전엔 자기가 엄마를 많이 이해하고 엄마의 마음에 공감하면서 산다고 생각했단다. 좋은 딸이었다고 생각했고, 내가 보기에도 실제로 좋은 딸이었다. 그러나 아내는 요즈음 딸들을 키우면서 엄마의 마음을 다시 헤아려보게 된다고 한다. 예전에 자기가 뭐라고 하면 어머니께서는 "아직 너는 내 마음을 잘 모른다. 네가 내 나이가 되어야 내 마음을 알게 될 거야"라고 말씀하셨는데, 정말 그 말뜻을 이제는 알 것 같다고 한다. 요즘 아내는 딸들을 보면서 돌아가신 장모님 생각이 많이 나는 모양이다.

"그래 너희들도 내 나이가 되면 엄마 마음을 알겠지."

엄마 마음은 가르쳐 주어서 아는 것이 아니라 그 나이가 되어 보아야 알게 되는 것 같다.

요즈음 아니 오래 전부터 나는 아내를 통해서 엄마를 느끼고 경험한다.

'여보, 사랑해! 힘내! 내가 있잖아.'

# 그 소리가 듣고 싶다

오래 전 이야기다. 배가 몹시 아파 급히 가까운 종합병원 응급실로 들어갔다. 여러 가지 검사를 마친 의사는 나에게 장을 절제하고 조직 검사를 해야 한다는 이야기를 해 주었다. 금식을 하고 장 청소를 한 후 월요일에 수술을 받는다고 한다.

월요일 아침, 나는 이동식 침대에 실려 수술실로 향했다. 왜 그 순간에 도살장으로 끌려가는 가축이 생각났는지 모르겠다. 나를 태운 들것을 끌고 가는 남자 간호사의 모습이 특히 우락부락하게 생겨서일까?

수술실 문이 열릴 때 나는 아내의 얼굴을 보았다. 걱정하지 말라는 눈짓을 보냈다. 아내가 손을 흔드는 순간 수술실 문이 닫혔다. 수술실 안에서는 간호사들이 수술 준비를 하고 있었다. 내 양손을 묶는 것까지는 생각이 났는데, 정신을 차리고 보니 다시 입원실이었다.

배가 땅기고 아팠다. 배를 째고 열어보니 맹장염이어서 수술이 간단히 끝났다고 한다. 큰 수술은 아니었지만 아내는 정성껏 간호를 해 주었다. 조금씩 병원 복도를 걸으면서 가스가 나오기를 기다

 빛을 머금은 이야기

렸다. 그러나 이틀이 지나도 가스는 나오지 않았다. 가스가 나와야 밥을 먹을 수 있다고 하는데, 계산해 보니 5일째 밥을 먹지 못했다. 아내에게 콩나물국, 갈치찌개가 먹고 싶다고 했다. TV를 보다가 광고에 나오는 꽃게를 삶아먹는 장면을 보고는 꽃게도 먹고 싶다고 했다.

힘없이 누워 있다가 엉뚱한 생각을 하면서 슬며시 웃었다. 아내에게서 흔히 들을 수 있었던 그 소리를 요 며칠 동안 듣지 못했다는 데 생각이 미친 것이다. 아내의 그 소리는 참 크고 냄새는 참기 힘들 정도였다. 처음에는 잘 몰랐는데, 오랜 세월을 함께 살게 되자 아내는 천연덕스럽게 소리를 내고 냄새를 피워댔다. 아이들까지 그 냄새를 곤혹스러워했다. 몇 년 전 비타민 C를 권장하는 어느 박사님의 이야기를 듣고 규칙적으로 그것을 복용한 이후 냄새는 거짓말같이 순화되었다. 그래도 그 소리는 여전히 시도때도 없이 계속되었다. 아침이면 그릇들이 달그락거리는 소리와 함께 이따금 아내에게서 터져 나오는 그 소리를 들으며 나는 침대에서 일어날 준비를 한다.

그런데 요 며칠 사이 아내는 더 이상 그 친숙한 굉음을 내지 않는 것이다. 이상하다. 신호가 오면 화장실에 가서 처리하고 오는 것일까? 하긴 여러 사람이 함께 지내는 입원실에서 공개적으로 그 소리를 낼 수는 없겠지. 그렇지만 그토록 오랫동안 침묵을 지키는 것은 아내에게는 거의 불가능한 일인데, 어쩐 일일까? 그 비밀이 무엇일까? 심심해진 나는 외국에 나가있는 딸들에게 이메일을 쓸 제목과 내용까지 생각해 두었다. 제목은 "그 비밀이 알고 싶다" 혹은 "그 소리가 듣고 싶다"로 정했다.

그러나 아내의 그 침묵은 그리 오래가지 않았다. 듣고 싶던 그 소리를 듣게 된 것이다. 병실 침대에서 아내가 가져온 신문을 읽고 있을 때였다. 드디어 침대 옆 의자에 앉아 있던 아내가 내게는 그토록 친숙했던 소리를 제법 크게 내었다. 옆의 환자를 돌보던 부인이 반갑다는 듯이 말을 걸어왔다.

"이제 가스가 나온 모양이네요."

보통 때 같았으면 아내가 무안할까 봐 내가 뒤집어 쓸 수 있겠지만, 이 경우는 수술 결과와 관련된 의학적으로 중요한 의미가 있는 가스이기 때문에 시인할 수가 없었다. 아내는 부끄러운 듯, "말 못 하는 아기라도 옆에 있어야 핑계를 댈 텐데" 하며 적당히 얼버무렸다. 역시 가스 문제에 있어서는 아내가 나보다 한 수 앞서가는 것이 틀림없다.

내가 스스로 활동할 수 있었기 때문에 아내는 집에서 자고 병원에 들러도 되었다. 수요일 아침 집을 나서기 전에 아내가 전화를 했다. 아이들이 보내온 몇 가지 소식을 전한 후 아내가 묻는다.

"가스 나왔어요?"

"아니."

"어쩐 일이지 지금쯤은 나와야 하는데."

그 순간 내 뱃속에서 소식이 전해진다. 그리고 살포시 가스가 나왔다. 나는 기뻐서 전화에다 대고 소리쳤다.

"여보, 방금 가스가 나왔어. 방귀쟁이하고 전화한 덕분인가 봐. 하하."

전화기로 아내의 명랑한 웃음소리도 들린다. 그날 점심부터는 죽을 먹을 수 있게 되었다. 나는 다시 아침마다 주방을 왔다 갔다 하며 내는 아내의 그 굉음을 들으면서 하루를 시작하게 될 것이다.

# 싱거운 이야기

현경아, 지현아!

일들 하느라고 많이 바쁘지?

아마 나이가 많이 들어 은퇴하기 전까지는 점점 더 바쁘고 복잡한 일이 많을 것이다.

산다는 것이 그런 것이니 어떡하겠니?

이런 삶도 허락받지 못해 백조 노릇하는 사람도 있고, 오늘의 삶을 허락받지 못하고 떠난 사람도 있는 것을 생각하면 감사함으로 다시 시작할 뿐이지.

살아있는 사람에게 주어진 소명이라고 생각하고 받아들이길!

너무 조급해하지 말고 하루하루 주어진 일을 즐기면서 성실히 감당해 나가길 바란다.

미리 종이에 일주일, 한 달, 일 년 목표와 계획을 세우고 그 목표를 위해서 꾸준히 나아가면 많은 발전이 있을 것이다.


지현이 몸 건강 상태는 좀 어떠냐?

머리가 아프다고 했는데, 스트레스 때문이냐? 그렇지 않으면 몸이 약해졌기 때문이냐?

현경이 어떻게 지내니? 아무 소식 없어서 궁금하지만 꾹 참고 그냥 있다.

네 마음을 헤아려 보지만 어디 네 마음 같겠냐?

아빠는 이곳 미국에서 여러 편의 논문을 준비하였다.

한국에 가면 책으로 출판할 만한 내용과 분량이 된 것 같다.


싱거운 이야기 하나 하마.

어제 아침인가, 엄마가 침대에서 일어나지 않아서 세수를 하고 깨우러 들어갔다.

안경을 안 낀 엄마가 침대에 누워 아빠를 빤히 올려다보며 하는 한마디,

"당신 안경을 안 끼고 보니 딴 남자 같다. 멋있는 남자 같아. 나 오늘 수지맞았는데!"

이게 무슨 해괴한 말인가…….

만날 보던 사람이라 지겨웠는데, 딴 남자와 침대에 있는 것 같아서 좋다니, 수지맞았다니 - -;;

아빠도 앞으로 안경을 쓰지 않고 엄마를 보아야 할 모양이다.

그러면 딴 여자 같다고 감탄하며 좋아하려나?


이럭저럭 30년 가까이 살아오면서 서로에게 너무 익숙해진 모양이구나.

그냥 심심해서 써 보았다.

너희들은 결혼해서 어떻게 살려나?

엄마 같이만 하면 훌륭한데. 모두 엄마 닮아가겠지?

그러나 몸에서 울려나오는 소리와 냄새만은 조심하는 것이 좋겠다.

너무 다 들어내기보다는 조금은 감추어져서 신비한 것이 좋겠지?

상대방에게는 편안하지만 생활에 긴장감이 유지되면 좋을 것 같다.

아빠가

# 우리 더 친하게 지내자

지난 수요일, OOO 장로님이 수술을 받았다는 소식을 듣고 서울에 있는 고려대 안암병원을 찾았었다. 마침 얼굴 본 지도 오래라 서울 올라간 기회에 저녁이나 같이 하자고 현경이에게 전화를 했다.

"현경이냐? 저녁에 만나서 함께 식사를 했으면 좋겠는데……."

덥고 피곤하고, 운동하러 나가려는 계획 등으로… 하여간 현경이가 별로 달갑지 않은 듯하다. 그래서 내가 집 근처까지 찾아가기로 하였다.

"그래 다시 전화할게."

병원을 찾으니 장로님은 침대에서 주무시고 계신다. 간호하고 있는 권사님과 이야기를 나누었다. 수술은 잘 되었다고 한다. 기도하고 위로한 후 병실을 나왔다.

현경이 집으로 가려고 지하철을 탔다. 한 번 갈아타면 고속버스터미널이 나오고, 현경이 집 근처를 가려면 또 한 번 갈아타야 한다. 현경이도 피곤해하는 듯하고, 나도 만나봐야 긴히 할 말도 없는데 반복해서 지하철을 갈아타는 것이 힘들어서 다시 전화했다.

“현경아, 아빠 그냥 대전에 내려갈게.”

“아빠, 괜찮은데요.”

“아냐, 그냥 내려가는 게 좋겠다. 나중에 보자.”

고속버스터미널에 도착하니 대전청사 정류장으로 가는 버스가 늦은 시간에 있다. 아내에게 전화했다. 현경이를 안 만나고 온 이야기를 간단히 감정을 섞어서 했다. 내 이야기를 들은 아내가 한마디 한다.

“여보, 그러니 우리 전보다 더 친하게 지내자!”

“그래.”

밤 10시경, 굳이 정류장을 향해 마중 나온 아내를 만났다. 집으로 향하는 길에 자꾸 손을 잡고 가려고 한다.

“쑥스럽게 왜 이래?”

“뭐가 어때?”

더 친하게 지내자는 다짐을 실천하려는 몸짓인가? 우리는 아이들을 짝사랑하고 있었나 보다. 자기들도 나중에 그렇게 자기애들을 짝사랑하면서 살라나? 그래도 애들이 예쁜 걸 어떻게 하나.

어젯밤에 지현이에게 전화했다.

“뭐하니?”

“실험하고 있어요? 그런데 왜 전화하셨어요?”

사실 그냥 했는데, 무심결에 이렇게 대답했다.

“보고 싶어서!”

오! 집에서 매일 보는 지현이에게 보고 싶어 전화했다니-.-;

말하고 나니 마치 애인에게 전화한 것 같다. 이제 관심을 조금씩 끄는 훈련을 해야 할 모양이다.

여보! 우리 앞으로 더 친하게 지내자^^

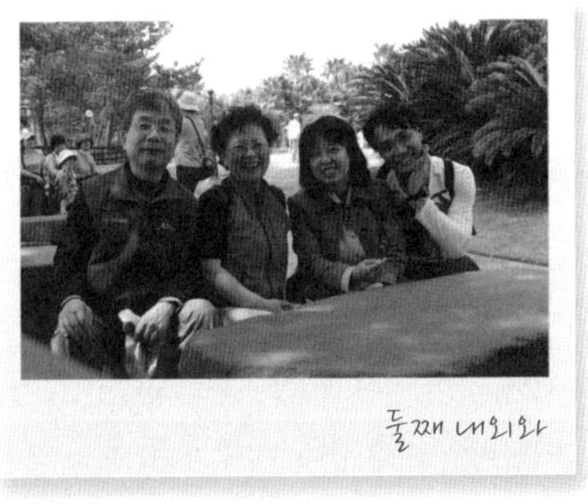

# 해품달, 어품딸

오늘은 교회에서 '부르심에 합당하게 사십시오'라는 제목으로 설교를 했다. 교회에서 돌아와서 낮에는 빈둥대며 지냈다. 오후 2시쯤 월평동에 사는 지현이가 주영이를 데리고 왔다. 논문을 마무리하기 위해 회사에 가야 하는데 주영이를 봐줄 사람이 없다는 것이다. 한 서방이 일을 마치면 데리러 온다고 한다. 주영이는 생글거리며 들어왔다. 안마의자에 앉아 있는 내게 안겨서 한참을 놀았다. 밥도 잘 받아먹었다. 점심 식사 후 아내는 노곤한지 침대에 누워서 잠을 잔다.

저녁에 아내와 함께 TV에서 〈K-Pop Star〉 경연 대회와 드라마 〈넝쿨째 굴러온 당신〉을 보았다. 점점 재미있어진다. 밤에 함께 침대에 누워 신문에서 본 이야기, 낮에 설교한 이야기, 인터넷에서 본 웃기는 이야기를 했다.

어떤 할아버지가 메리어트 호텔을 가려고 하는데 호텔 이름을 기억하는 것이 어려웠다. 그래서 메리야스를 기억하면 되겠구나 생각하고 택시를 탔다. 기사에게 목적지를 말하려는 순간 메리야스가 생각이 나지 않는다. 할아버지는 끙끙거리다가 난닝구가 생각났다. 그래서 난닝구 호텔에 가 달라고 부탁했다. 찜찜했는데 놀라워라. 도착해 보니 기사가 정확하게 메리어트 호텔에 데려다 준 게 아닌가. 신기해서 물었더니 기사 하는 말. 이건 보통입니다. 전에 한 번은

전설의 고향에 간다는 할머니에게 예술의 전당에 데려다준 적도 있지요. 우린
딱 들으면 손님이 어디 가려는지 압니다.


흠, 이 정도 되어야 프로라고 할 수 있지 않겠는가?


낮에 내가 전한 설교 결론 부분에서 〈해를 품은 달〉(해품달)이란
드라마 제목에 빗대어 그리스도인은 해를 품은 달임으로 삶에서 그
리스도의 빛이 드러나야 된다고 했다. 우리가 온유하고 겸손한 주님
의 마음, 오래 참고, 사랑으로 용납하시는 주님의 마음을 품으면 우
리에게서 주님의 빛과 온기가 나타나게 된다고 하였다. 그런 이야기
를 하다가 다른 사람의 블로그에 실린 어머니 이야기를 들려주었다.
그랬더니 아내는 돌아가신 어머니에 대한 그리움을 이야기한다. 그
래서 내가 말했다.

"당신은 어머니를 품고 사는 딸, 어품딸이야. 기쁜 일이나 슬픈 일
이 있으면 그 순간 가만히 품고 있던 어머니가 나오시니 말이야."

# 주영이 키우기

이 글은 쓸까 말까 망설였다. 그러나 나중에 주영이가 크면 자신이 어떤 사람인지 아는 데 도움이 될 것 같아 쓴다. 그리고 어린 시절에 자기가 어떤 생각을 하고, 어떤 행동을 했는지 들여다 볼 수 있게 해 주고 싶은 마음도 있다. 일종의 추억 만들어 주기가 될 것 같다.

현경이와 지현이를 키울 때는 몰랐다. 그때는 딸들을 세심히 들여다 볼 여유가 없었다. 시간이 없었던 게 아니라 마음의 여유가 없었다. 아니, 아빠로서 그들이 내 딸이기에 객관화할 수 없었다. 모든 것이 당연하게 느껴졌던 것 같다. 모든 아이는 다 그런 줄 알았다. 그러나 나중에 조카들의 행동을 보면서 아이들은 다 다르다는 것을 실감했다.

현경이 아들 건희는 서울에서 자라고 있다. 몇 주 함께 있기도 했고, 이따금 만나지만 세심하게 지켜볼 시간은 갖지 못했다. 감정이 안정되어 있고, 선하다는 인상이 깊이 배어 있다. 착하고 건강하게 잘 자라고 있음을 항상 감사하고 있다. 본희는 오빠보다 성격이 좀

강하다고 하는데, 아직 같이 있은 시간이 짧아서 잘 모르겠다. 그냥 다른 아이와 비슷하다고 생각한다. 앞으로 건희와 본희도 세심히 지켜보면서 어떤 특성을 가진 사람인지 볼 것이다.

전에는 모든 어린아이들은 다 그렇거니 생각했다. 그러나 그렇지 않다. 산과 들에는 빨간 꽃, 노란 꽃, 보라색 꽃이 있고, 봄에 피는 꽃, 여름에 피는 꽃, 가을에 피는 꽃이 있고, 해바라기 같이 커다란 꽃도 있고, 채송화 같이 작은 꽃도 있다. 그 중에서 어떤 꽃이 더 꽃다운 꽃이라고 말할 수는 없다. 마찬가지로 세상에 살고 있는 아이들도 다 다르다. 모든 어린이가 다 귀하고 다 예쁘다. 그런 마음으로 주영이를 본다.

요즈음 주영이를 보면서 감사한 마음으로 가득하다. 왜 감사한 마음이 들었는지 지금부터 이야기하려고 한다. 그러나 이유를 조목조목 들어가며 설명할 생각은 없다. 이 글을 쓰는 목적은 주영이의 특성을 발견하는 데 있기 때문이다. 앞으로도 주영이는 우리가 전에 발견하지 못했던 많은 새로운 모습들을 보여줄 것이다.


주영이는 감정이 풍부하다. 그리고 조심스럽게 표현하자면 예민하다. 그래서 아주 어렸을 때는 자기감정을 종종 폭발시켰다. 자기 감정을 이기지 못하여 과격한 행동을 하기도 했다. 어른들이 미처 그 마음을 알아주지 못하면 견디기 힘든 모양이다. 그러나 주영이는 이성적인 판단도 잘 한다. 자기가 어디에 있는지 알고 잘 처신한다. 예배당에 가면 집에서와는 딴판으로 조용하게 잘 참으면서 예배를 드린다. 어린아이가 어떻게 그렇게 할 수 있을까 싶을 정도로 놀라운 인내심을 발휘한다. 그러므로 앞으로 주영이를 키울 때 우리는 그 두 면을 잘 고려해야 한다. 우선 감정을 잘 다스리도록 가르쳐야 한다. 감정을 다치지 않게 해야 한다. 좋지 않은 장면, 어두운 모습은 보여주지 않도록 하고, 어쩔 수 없는 경우 잘 설명해 주어야 한다. 어른도 힘들 때가 있고 화날 때가 있는 법이라고.

다음으로 합리적으로 설득해야 한다. 주영이는 자신의 마음에 들지 않더라도 합리적으로 잘 설득하고 약속하면 따르고 지킨다. 놀이터에서 놀고 싶어 하는데, 어른이 일방적으로 끌고 가면 안 된다. 상처를 받고 거부한다. 싫어도 그냥 무조건 따라가는 아이가 아니다. 놀이터에서 재미있게 노는데 그만 가자고 강제로 끌고 가면 안된다. 협상을 해서 얼마만큼 더 놀 것인지 스스로 결정하게 해야 한다. 그러면 주영이는 자기가 한 약속을 지킨다.


실제 예 하나

주영이는 감정이 예민하다. 주영이는 TV에 나오는 사람들의 표정에서 두려움과 미움과 기쁨이 그대로 느껴지는 모양이다. 그래서 부정적인 분위기, 어두운 표정을 짓는 인물이 나오면 즉각적으로 반응한다.

"티비 꺼, 티비 꺼요."

그러면 나는 얼른 TV를 끈다. 깨끗하고 선한 주영이 마음에 좋지 않은 장면, 모습이 그려지지 않도록 세심하게 주의를 기울여야 하

겠다. 부모가 크게 소리를 내어 싸우지 않더라도 표정만 보고도 주
영이는 감정에 동요를 일으킬 것 같다. 아무리 겉으로 가장해도 안
된다. 진심으로 부부가 서로 존중하고 아끼고 사랑해야 한다. 그래
야 주영이가 티 없이 자랄 것 같다. 똑똑하기 때문에 상황 판단을
잘 해서 겉으로는 부모에게 아무렇지도 않은 것처럼 행동할지라도
마음에는 그늘이 짙게 낄 수 있다는 점을 염두에 두고 살아야 할 것
같다.

## 실제 예 둘

어제 주영이를 데리러 갔더니 차에 타자마자 지하 주차장에 가자
고 한다. 그래서 그렇게 하자고 기분 좋게 이야기했다. 그런데 집에
오니 마당 주차장에 좋은 자리가 비어 있는 것이다. 지하에 주차하
는 것보다 지상에 주차하려고 시도했지만 막무가내로 거부한다. 할
수 없이 지하에 들어갔다. 그러면서 주영이에게 이야기했다. 이제
지하 주차장에 왔으니 밖으로 나가자. 그래도 되지? 주영이 허락을
받아 지상에 주차하고 들어왔다. 합리적으로 설득하면, 그리고 납
득이 되면 억지를 부리지 않는다.

아이를 키우는 것은 힘든 일이고, 매우 지혜롭게 해야 하는 전문
성이 요구되는 일이다. 주영이가 이제는 자제력을 잘 발휘한다. 말
로 설명하면 알아듣는다. 다만 어른도 알지만 실천하지 못할 때가
많은데 하물며 주영이가 항상 합리적으로 행동할 것을 기대하는 것

은 무리다. 여전히 투정을 부리고 울 때도 있다. 그럴 때는 잘 받아
주어야 할 것 같다. 그러나 점점 좋아지고 있다. 요즈음 주영이를
보면 감사한 마음이 가득하다. 말을 알아듣고 말을 할 수 있으니 자
기의 감정을 적절히 조절하며 자기 생각을 말한다. 그래서 짜증도
별로 안 부리고 혼자서도 잘 논다. 점점 더 나아지고 점점 더 예뻐
지고 슬기로워지는 것 같다.

금강에서 주영이와 아빠

# 어디서 먹을까?

지난 7월, 증도에 다녀왔다. 새벽 5시경 일어나서 나는 짐을 꾸리고 아내는 샌드위치를 만들었다. 아침 6시 20분. 드디어 전라남도 신안군 증도면, 즉 증도섬을 향하여 출발했다. 증도는 원래 섬이었지만 지금은 다리가 놓여 차로 들어갈 수 있다. 아내는 옆에 앉아 조잘조잘 기분이 좋은 모양이다. 아내는 집을 떠나면 청소, 빨래, 식사, 주영이 챙기기 등 모든 일상에서 놓여난다. 여행을 떠나면 모든 부담을 떨쳐낸 홀가분함이 주어진다. 그래서 더 좋은 모양이다. 아내가 좋아하니 나도 기분이 좋다.

아내는 먹는 것에 관심이 많다. 고속도로에 들어서더니 샌드위치를 언제 먹는 게 좋을지 묻는다. 나는 8시쯤 휴게소에 들러 먹으면 좋겠다고 했다. 아내는 선뜻 동의하지 않는다. 나와 생각이 다른 듯하다. 아내는 달리는 차에서 샌드위치를 먹으면서 운전하는 나에게도 먹여주면 재미있을 것 같다고 생각하는 게 틀림없다. 아내는 자동차를 타면 옆에 앉아 사탕이나 과자 혹은 과일 조각을 운전하는 내 입에 넣어 주는 것을 좋아한다. 자기 손가락이 내 입에 닿으면 어떤 쾌감이 느껴지는 모양이다. 그 전에도 보면 과자를 요령 있게 내 입에 집어넣을 수 있을 것 같은데 번번이 아내 손가락이 내 입에 들어온다. 운전대를 잡고 있는 나는 꼼짝없이 아내 손가락을 입술로 핥을 수밖에 없다. 그러나 아침 식사를 고속도로에서 그런 식으로 하는 것은 안전에 위협이 될 수 있다.

사라 브라이트만의 노래를 들으며 달리다가 8시경 백양사 휴게소에 들렀다. 정자에 앉아서 샌드위치를 먹었다. 소박한 식사, 소소한 행복이 물결치는 아침이었다. 간단히 아침을 해결하고 식당에 들어갔다. 아내는 식당 정수기에서 뜨거운 물을 받아다가 집에서 가져간 카누 커피를 타서 내민다. 맛이 그럴듯하다. 다시 출발. 내비게이션의 지시를 따라 가다보니 어느덧 증도에 도착했다. 곳곳에서 증도가 슬로시티, 천사의 섬이라는 점을 강조하고 있다. 그래! 도시에서 정신없이 지내다가 슬로시티에 들어왔으니 천사의 섬에서 천사 같은 아내와 여유롭게 지내다 가자. (2012. 7.)

# 부부 수련회

저녁 식사 후, 예약해 놓은 〈에벤에셀〉 펜션에 들어와 샤워를 한 다음 부부가 함께 마주 앉았다. 증도로 오면서 아내에게 부부 수련회를 한다고 했기 때문에 아내는 순서가 어떻게 진행될지 궁금해한다. 우선 예배를 드렸다. 보통 때와 달리 찬송을 다섯 장이나 불렀다. 성경은 요한일서 3장에서 5장까지 읽었다. 특별히 준비했던 본문이 아니라 찬송을 부른 다음 성경을 보니 그곳에 책갈피 끈이 놓여 있었기 때문에 읽자고 했다. "하나님은 사랑이시다", "하나님을 사랑하는 자는 이웃을 사랑해야 한다"는 잘 알려진 말씀이 눈에 들어왔다.

내가 기도를 했다. 나라, 학교, 교회, 형제자매, 자녀들, 손주들을 위해 기도했다. 몸과 마음이 건강하고 영적으로 건강한 사람이 되게 해달라는 내용이 대부분이었나. 그러고 보니 돈과 성공에 대해서는 아무런 바람도 없었다. 사실 건강하고 생각이 바르고 하나님을 잘 믿으면 그런 것은 별로 문제가 되지 않는다. 하나님을 잘 믿으면 부족함이 없는 삶이 된다.

예배를 드린 후에 이런저런 이야기를 나누었다. 내가 은퇴한 다음에 각자 어떻게 살게 될지 예상해 보았다. 그리고 앞으로 어떻게 살아야 할지 생각을 나누었다. 아내는 여전히 딸과 손주들에게 어떤 역할을 하게 될지, 언제까지 하게 될지 생각이 많다. 나에게는 교회 생활에 좀 더 적극적으로 참여하여 성도들에게 관심을 가질 것을 주문했다. 아내는 내가 은퇴 후에 무기력해지는 것을 많이 염려한다.

나는 앞으로는 미래를 위해 저축하고 준비하기보다 하루하루를 감사하며 여유롭게 살았으면 좋겠다는 말을 했다. 그렇게 살려면 욕심을 줄이고 조금이라도 다른 사람들에게 줄 수 있는 마음의 여유를 가져야 한다. 기회를 보아 청소년에게 좋은 이야기를 들려주면서 그들에게 지혜와 용기를 줄 수 있었으면 좋겠다. 그러나 인터넷 시대에 전통적인 방식으로 이야기하는 나의 말에 흥미를 느끼고 귀를 기울일지 의문이다. 책을 써서 출판하고, 손주들과 여행도 다니고 싶다. 여행을 하면서 그들에게 새로운 문화를 경험하게 해 주고 자연스럽게 내가 깨달은 삶에 대한 지혜도 들려주고 싶다.

내 말을 듣더니 아내는 또 작은 걱정을 한다. 책을 내고 해외여행을 하려면 돈이 있어야 하는데, 저축을 하지 말자고 하면 어떻게 하느냐는 것이다. 매달 연금을 다 쓰면서 어떻게 책도 내고 여행도 다닐 수 있느냐고 한다. 나는 그 정도는 할 수 있다고 했다. 좋은 뜻이 있으면 길은 열리게 마련이다. 수련회는 이런 이야기를 하며 끝났다.

 빛을 머금은 이야기

# 별

    수련회(?)를 마친 후에 밖에 나가서 별을 보았다. 주인아저씨에게 외등을 모두 꺼 달라고 부탁했다. 가져간 깔개를 마루위에 펴 놓고 아내와 누워 하늘을 보았다. 섬에서 보는 밤하늘은 도시의 밤하늘과는 전혀 다르다. 반달이 떠 있어서 하늘이 캄캄하지는 않았지만 그래도 여름 밤하늘에서는 별들의 잔치가 화려하게 펼쳐지고 있었다. 은하수도 보인다.

    문득 알퐁스 도데의 〈별〉이란 단편 소설이 생각났다. 목동 출신인 내 옆에는 주인아씨 스테파네트가 아니라 60이 넘은 할머니 김형숙이 누워 있다. 설렘은 없지만 푸근함은 있다. 소설 속의 목동은 별 이름도 많이 알고, 별에 얽힌 이야기도 많이 알고 있더니만 내가 아는 별은 북두칠성밖에 없다. 오랜만에 하늘에 반짝이는 무수한 별을 보며 잠시 신비에 잠겨 있었다. 몇 년 전 시를 배울 때 써 놓았던 시를 여기 올려놓는다.

별


비 갠 저녁
싱그런 바람
여울물 넘치는 소리
방울 딸랑대는 노새의 콧김
언제나 허리가 꼿꼿한 아씨 스테파네트
요정처럼 나타났다.

뺨은 장밋빛으로 불타오르고
살랑이는 머리카락
찔레꽃 내음 아뜩한데
까만 치맛자락 살금 들어올려
수줍은 하얀 종다리 들어나면
사랑의 불길 내 핏줄 따라
맑은 강줄기 되었다.

밤이 되면
샘물 더 맑게 노래하고
연못 화려한 불꽃 밝힌다.

그 밤,
길 잃은 앙증맞은 별 하나
내 어깨 위에 살포시 내려앉아
애잔한 사랑의 전설되었다.

엄마 찾는 새끼 양의 잠투정에 깨었나?
새초롬한 얼굴로
찬 이슬 헤치고 떠난
고운 별 하나
가슴 저 안쪽에서
애달픈 꽃으로 피어난다.

찔레꽃 지고 피고
피고 지어도
들풀 냄새 머금은 작은 별 하나
아스라이 떠오르면
시냇물 살얼음 되어
가슴에 녹아내리고
길가의 풀 예리한 칼날 되어
가슴을 저민다.

알퐁스 도데의 작품 〈별〉을 읽었다. 언제 읽어도 마음을 애틋하게 하는 아름다운 글이다. 딸 현경이가 그 작품에 대해서 쓴 글을 보고 시 소재로 삼게 되었다. 〈별〉에 나오는 표현과 장면을 그대로 활용하였다. 목동의 사랑 스테파네트는 가슴 저미는 감미로운 사랑의 아픔을 경험한 모든 사람의 별이다. 그 별은 사랑의 전설이 되어 사람들의 마음에 꽃으로 피어나고 있다.

# 아버지

옛날 메일을 체크하다가 발견한 글이다. 돌아가신 아버님 발인 예배를 마치고 유족 대표로 내가 한 인사말이다. 어렸을 때 가난하여 밥을 제대로 먹지 못할 때가 있었지만, 그래도 나는 대학을 다닐 수 있었다. 라디오와 TV를 통해서 어렸을 때 가난하여 중학교나 고등학교를 못 다닌 분들의 이야기를 듣게 되면 그래도 나는 당시로서는 부모님 덕을 많이 보았다는 생각이 든다. 감사하고 감사한 마음으로 먼저 가신 아버지를 생각한다. 아내는 김칫국물이 맛있을 때는 아버님이 맛있게 김칫국물에 밥을 비벼 드셨다면서 나보고 먹으라고 한다.

인사와 먼저 가신 아버님 고 이희전 목사님에 대한 회고 - 이문균 목사

먼저 지금까지 저희 아버님의 삶을 선히 인도하여 주시고, 평화로운 가운데 하늘나라로 불러주신 하나님의 섭리와 은혜를 기억하고 감사드립니다. 그리고 장례 예배를 통해 하나님의 말씀으로 위로해 주신 박우만 목사님, 마음을 담아 하나님께 기도를 해주신 구옥서 장로님께 감사드립니다. 그리고 저희 유족들의 슬픔을 위로해 주시고 사랑으로 도와주시고 마음을 같이 해 주신 마산 동부교회 장로님, 권사님, 집사님과 모든 성도님께 감사드립니다. 전국 각지에서 찾

아와 위로해 주시고 사랑과 우정을 보여주신 친척, 친구들께도 감사드립니다. 선친께서는 수년 전에 뇌졸중으로 한차례 쓰러지셨습니다. 기억력과 언어 능력에 손상을 받으셨습니다. 그래도 어눌한 가운데 기도를 하실 때마다 항상 나오는 단어는 하나님의 은혜 그리고 감사와 기쁨이었습니다. 그래서 저희 자녀들이 먼저 가신 아버님을 생각할 때마다 떠올리는 단어는 은혜와 감사와 기쁨입니다.

그러나 아버님의 감사와 기쁨은 평탄한 삶에서 나온 것은 아니었습니다. 저희 아버님께서는 참으로 험난하고 힘겨운 세월을 사셨습니다. 1920년 8월 4일에 출생하신 아버님은 일제 강점기의 혹독한 세월을 경험하셨습니다. 5년제 중학교인 신성학교를 졸업하시고 초등학교 교사를 하시다가 6. 25 전쟁에 참전하셨습니다. 그 후 교사 생활을 그만 두시고 신학을 공부하여 목회 생활을 시작하셨습니다. 강원도, 충청도, 경기도에서 주로 작은 농촌 교회에서 목회하셨습니다. 그 덕분에 사모님인 어머니는 어려운 살림을 지탱하시느라 고생이 많으셨으며, 자녀인 저희들도 궁핍하고 배고픈 생활을 해야 했습니다. 점심시간에 친구들이 도시락을 꺼내 먹을 때 저는 슬며시 운동장에 나가 우물물을 마시고 파란 하늘을 쳐다보다가 교실로 들어왔습니다.

그처럼 힘겨운 생활이었지만 아버님은 항상 하나님의 은혜를 감사하셨습니다. 세상적으로 땅 한 평 물려받은 것은 없지만 저희들은 아버님으로부터 귀한 믿음을 이어받았습니다. 그리고 정직과 겸손과 감사를 체득할 수 있었습니다.

비교적 건강하실 때는 맏이인 제 집에서 지내시다가, 그 후 인천에 사는 우균 동생 내외가 모셨으며, 작년 12월부터는 셋째인 이삼균 목사 내외가 모시고 살았습니다. 이삼균 목사, 특히 제수씨의 마음을 다한 봉양을 받으시다가 지난 6월 28일 새벽 미소를 띤 모습으로 하나님의 품에 안기셨습니다. 아버님은 돌아가시는 날까지 아들 내외와 손주들에게 소중히 여김을 받고, 사랑과 존경을 받고 있음을 느끼시면서 행복한 마음으로 주님께 가셨습니다. 이 모든 것이 하나님의 은혜입니다.

평소에 동생 이삼균 목사님이 저를 만나면 동부교회 장로님과 성도님들에 대하여 사랑이 깃든 자랑을 하였는데, 이번에 장례 절차를 통해서 동생이 왜 그렇게 말했는지 잘 알 수 있었습니다. 장로님들의 헌신적인 모습, 권사님, 집사님들의 정성과 사랑을 직접 경험하면서 정말 좋은 교회라고 생각했습니다. 제 동생 이삼균 목사도 좋은 목사님입니다. 물론 부족한 점도 있지만 이해해 주시고 힘을 합해 주시면 마산 동부교회는 더 훌륭한 교회로 성장할 것입니다.

이제 저희 아버님은 주님의 부르심을 받으셨습니다. 아버지의 육체는 의학 교육과 발전을 위해 전남 대학병원으로 가시게 됩니다. 수년 전에 할머니 묘소에서 추모 예배를 드릴 때 아버님은 오늘 기쁜 소식을 발표하겠다고 말씀하셨습니다. 그러더니 아버님과 어머님의 시신을 기증하기로 서약했다고 말씀하시면서 깊이 생각하고 결정한 것이니 자녀들인 너희들이 반드시 그 약속을 이행해 주기를 당부하셨습니다. 그 당시에는 그 말씀이 실감이 되지 않았는데, 이렇게 아버님이 소천하셨습니다. 그 말씀을 유언으로 생각하는 저희 자녀들은 먼저 가신 아버님의 뜻을 따르기로 했습니다.

그동안 보여주신 사랑과 위로에 다시 한 번 감사드리면서 인사의 말씀을 마치겠습니다. 감사합니다.

# 스승의 날

스승의 날이다. 올해는 내가 대학에서 근무하는 마지막 해다. 그러니까 올해 스승의 날은 현직에서 맞는 마지막 스승의 날이다. 나는 어떤 선생님이었나? 특별히 훌륭하지도, 별나게 못되지도 않은 그런 선생님이었던 것 같다. 맡은 일은 성실히 감당하려고 했으나 학생들을 각별하게 사랑하고 도와주지는 못한 것 같다. 학생들 이름을 잘 기억하지 못해서 미안할 때가 많았다. 감사한 것은 그런 나를 학생들은 좋게 봐주고 격려해 준다는 점이다. 우리 학생들이 졸업 후에도 밝은 얼굴로 자기가 좋아하는 일을 하면서 살았으면 좋겠다. 그렇게 되기를 기도한다.

내가 1981년 처음 대학 교수가 되었을 때, 우리 딸들은 아장아장 걷는 아이였다. 나도 그때는 꽤 젊었다는 이야기다. 그 당시 학생들 눈에 나는 큰형님 정도로 인식되었을 것이다. 그런데 2012년 5월 우리 딸들은 이미 결혼하여 엄마가 되었다. 세월이 그렇게 흘렀다는 이야기다. 지금 학생들에게 나는 할아버지로 인식되는 것 같다. 손주가 있으니 내가 할아버지인 것은 맞다. 그러나 우리 학생들에게 할아버지가 되려면 아직 멀었다. 우리 학생들의 할아버지는 최소한 80세 정도는 되지 않았을까? 내가 이런 이야기를 하는 것은 스승의 날에 학생들이 보낸 글 때문이다.

언제나 기독교학과 학우들을 손주, 손녀와 같이 사랑해 주셔서 감사드립니다. from 00

천방지축 저희들을 항상 사랑스러운 눈빛으로 사랑해 주시고 어떤 질문이든 답해주시려고 하시는 교수님 너무 감사합니다! 사랑합니다. ♥ ○○

그렇다. 언제부터인가 우리 학생들을 보기만 해도 예쁘다. 순진한 학생도 예쁘고, 활달하고 명랑한 학생도 사랑스럽다. 수업 시간에 조는 학생도 예쁘다.

안녕하세요.^.^ 교수님 수업은 들어보지 못했지만 교수님의 소문은 익히 들었습니다. 너무 귀여우시다고. ㅋㅋㅋ 정말 교수님 호주머니에 넣고 다니고 싶어요! 항상 저희를 위해 기도해 주셔서 감사합니다. ♥ ○○

이 나이에 귀엽다는 소리를 다 듣고 허허. 할아버지 되었다가 아이 내지는 강아지도 돼보는구나.

교수님 수업은 정말 어렵지만 ……. 저희를 이해시키려 항상 노력해 주셔서 감사해요! ^.^ 깨알 같은 개그도 정말 좋아요!! 앞으로도 좋은 수업 기대하고 열심히 듣겠습니다. ♥♥○○

교수님 ♥ 스승의 날 축하드려요- 수업 시간에 즐겁게 해 주시려고 여러 개그를 해 주셔서 감사해요. 유익하고 알찬 수업 항상 기대하고 사랑합니다.

학생들에게 조직의 쓴 맛(?)을 보여 주셔서 감사합니다. 교수님 수업은 교회에서 든는 어떤 설교보다 은혜가 되고 도전이 됩니다. 건강하세요. 감사합니다.

옛날 졸업생들을 통해 전해지는 말이 있다. 내가 가르치는 조직신학을 듣고 '조직의 쓴 맛'을 보았다고 한다. 매우 어렵고 힘든 과목이라는 뜻일 게다. 그런데 이번에 학생들이 쓴 글에는 의외의 내용이 보인다. 수업이 어려운 것은 사실이지만 내가 자기들을 즐겁게 하려고 개그를 해 주어서 좋다고 한다. 흠. 내가 무슨 개그를 했지?

아직은 부족한 게 태산이고 갈 길이 멀지만 나중에는 교수님께 자랑스러운 제자가 되겠습니다. ^^ 짐 같은 존재가 아니라 꼭 '힘'이 되는 존재가 될게요! 교수님께 제가 비타민 같은 존재가 될게요. ♡

학생이 건네준 카드를 읽고 혼자 중얼거렸다.
"그래, 고맙다. 너는 지금도 나에게 힘이 되는 학생이고 비타민 같은 존재다."

자기의 이름도 제대로 기억하지 못하는 나를 격려해 주고 힘을 주는 말을 해 주는 우리 학생들은 정말 착하다.

# 어느 주례사

오늘부터 이 두 사람은 인생길을 함께 걸어갈 부부가 되었습니다. 서로 붙들어주고 격려하고, 함께 울고 웃으며 걸어갈 삶의 동반자가 된 것입니다. 기쁘지만 엄숙한 순간입니다. 여기 서 있는 두 사람은 각기 부모님에게 사랑받으며 자란 귀한 아들이고 사랑스러운 딸입니다. 그동안 성실하고 맡은 일을 잘 처리하여 주위 사람의 칭찬을 많이 받고 있는 아름다운 사람입니다.

서로 이렇게 좋은 사람을 만나 부부가 되기로 약속하였습니다. 결혼은 두 사람은 물론 양가 부모님과 우리 모두에게도 큰 기쁨입니다. 그리고 우리 모두의 소망은 결혼의 기쁨이 행복한 결혼 생활로 이어지는 것입니다. 그러나 우리 모두 살아보았지만 결혼 생활이 행복한 것만은 아닙니다. 결혼 생활에는 여러 가지 어려움이 있습니다. 각기 자라온 환경이 다르고, 관습이 다르고, 성격이 다르기 때문에 함께 살다보면 마음에 안 드는 일도 있고 이해하기 힘든 일도 있어서 부딪치고 싸우는 때도 있습니다.

그러므로 이제 결혼했으니까 다 됐다고 생각할 것이 아니라, 이제부터 시작임을 알아야 합니다. 이제 두 사람은 서로 조화를 이루고 협조하며 참고 인내하는 가운데 기쁨과 행복을 이루어나가야 할 과제를 갖게 된 것입니다.

좋은 배우자를 만나 결혼하는 것보다 더 중요한 것은 내가 상대 방에게 좋은 배우자가 되어주는 것입니다. 서로 상대방에게 좋은 배우자가 되어주기 위해서 노력하면 두 사람의 만남은 더 큰 행복 으로 이어질 것입니다. 그러면 어떻게 좋은 배우자가 되어줄 수 있 습니까? 어떻게 좋은 남편이 되고 좋은 아내가 될 수 있을까요? 성 경에 보면 남편은 자기 아내를 자기 몸처럼 사랑하고 아내는 남편 을 존경하라고 했습니다. "지식을 따라 너희 아내와 동거하고, 생명 의 은혜를 함께 이어받을 자로 알아 귀히 여기라."(벧전 3:7)고 했 습니다. 사랑만으로 결혼식장에 들어갈 수 있을지 모르지만 사랑만 으로 결혼 생활을 할 수는 없습니다.

사랑하는 데는 지혜가 필요합니다. 의사소통을 잘 하는 지혜, 상 대방의 마음을 헤아리는 지혜, 화해하는 지혜가 필요합니다. 선한 삶의 능력인 지혜가 필요합니다. 하나님의 도우심을 구하는 기도가 필요합니다. 그러면 구체적으로 어떻게 사랑하고 존중하면서 살아 갈 수 있을까요? 고린도전서 13장 4절 이하에 보면 '사랑은 오래 참 고 온유하며 무례히 행하지 않는다'고 했습니다. 이 말씀을 구체적 으로 결혼 생활에 적용하며 살아가기 바랍니다.

1. 모든 인간관계가 그렇듯이 부부 사이에도 화가 나고 다툴 때

가 있습니다. 그 경우 극단적인 말을 하여 사태를 악화시키는 어리석은 사람이 되지 않기를 바랍니다. 한 사람이 언성을 높이면 다른 사람이 소리를 낮추어야 합니다. 손을 들어 충돌하는 일은 상상도 할 수 없습니다. 자신의 감정을 슬기롭게 표현하고 화해하는 법을 익히고, 그것을 의식적으로 노력하고 훈련하기 바랍니다.

2. 상대방을 길들이겠다는 생각을 하지 마십시오. 상대방을 있는 그대로 받아들여야 합니다. 가축은 길들여야 하지만 배우자는 격려하고 북돋우어 주어야 합니다. 자존심을 세워서 항복을 받아낼 생각을 하지 마십시오. 항복은 전쟁할 때 받아내는 것입니다. 부부는 자식을 낳고 함께 살아가는 평생 친구요 인생길을 함께 하는 동반자입니다.

3. 누구나 약점이 있고 숨기고 싶은 것이 있는 법입니다. 상대방의 아픈 곳을 찌르지 말고 다른 사람과 비교하여 자존심을 상하게 하지 말아야 합니다. 상대방을 측은히 여기는 마음이 있어야 합니다. 그러면 조금은 넉넉한 마음으로 상대방을 바라볼 수 있을 것입니다. 성경에 "사랑은 허다한 죄를 덮는다"고 했습니다. "사랑은 참고, 믿으며, 기대를 갖고 바라며 견딘다"고 했습니다.

4. 상대방에 대해서 기대감을 표시하고 칭찬을 많이 하기 바랍니다. 당신은 참 믿음직하다, 잘한다, 예쁘다, 매력적이다, 생각이 깊

고 덕스럽다, 포용력이 있다고 격려하십시오. 격려하고 칭찬하다 보면 상대방이 실제로 그런 사람이 되어 있을 것입니다. 상대방의 어려움과 입장을 이해해 주고, 상대방이 수고하는 데 대해서 감사하는 마음을 표현하십시오. 사람은 칭찬하면 더 잘하게 되어 있습니다.

5. 피차의 생일을 기억해 주고, 당신이 함께 있어서 기쁘고 감사하다는 말을 하십시오. 친가나 시가의 어른 생일, 회갑 등 대소사 날짜를 기억하고 메모하여 방문하고 예의를 표하십시오. 특히 두 사람이 잘 살아가는 모습을 보여드리십시오. 그러나 자기들밖에 모르는 사람이 되면 안 됩니다. 두 사람의 행복이 그동안 키워주신 부모님에게 보람과 기쁨이 되어야 합니다.

6. 규모 있는 살림, 합리적인 경제생활을 하십시오. 더 나은 삶을 위해, 성장을 위해 자기 계발에 힘쓰십시오. 좋은 책을 읽고 삶의 지혜를 얻기 바랍니다. 다른 사람을 도와줄지언정 짐이 되지 않도록 검소하고 근면하게 살아야 합니다. 그러나 돈의 노예가 되어 사람 노릇 못하는 사람이 되면 안 됩니다. 큰돈이라면 부부가 상의하여 쓸 것이며 작은 돈은 서로가 자유를 갖는 것이 좋다고 생각합니다. 그러기 위해서는 적어도 서로에게 신뢰를 줄 수 있어야 할 것입니다.

7. 주일을 잘 지키십시오. 신앙생활을 잘 하십시오. 하나님 중심으로, 하나님의 말씀을 따라 살아감으로 이 세상의 유혹으로부터 가정을 잘 지키십시오. 믿음 안에서 서로 격려하고, 기도하며, 깨끗한 양심과 경건한 품격을 키우는 데 힘쓰며, 하나님께 감사하는 가정이 정말 복된 가정입니다. 이런 가정에서 태어나고 자라는 자녀들은 보배 같은 귀한 사람이 될 것입니다.

현재의 신랑 신부는 각자의 부모 형제에 의해서 지금의 모습이 되었습니다. 그래서 이처럼 건강하고 아름다운 모습으로 우리 앞에 서 있습니다. 그러나 앞으로 10년, 20년 후에 바라보는 상대방의 모습은 내가 만든 얼굴입니다. 상대방이 결혼식 때보다 무기력해지고 냉정해졌다면 그것은 어쩌면 나의 무관심과 미움이 만들어낸 것일지 모릅니다. 상대방이 먼 훗날 생기 있고, 온화하고 사랑스럽고 신뢰할 수 있는 사람이 되었다면 그것은 나의 사랑과 관심과 격려가 그렇게 만들어 놓은 것입니다. 결혼 이후 상대방의 성격과 모습은 바로 나와 함께 변화되고 만들어진 것입니다. 아내를 사랑하고 감싸주며, 남편을 사랑하고 격려하는 것이 곧 나 자신을 사랑하는 것이고 존경하는 것임을 잊지 마십시오. 서로 사랑하고 존경함으로 상대방을 키워주는 지혜롭고 사랑스러운 부부가 되기를 바랍니다.

# 4장

# 평범한 삶,
# 특별한 이야기

사람들이

나의 평범한 삶에서

하나님의 빛을 보고,

하나님의 은혜를 발견하게 되면

참 좋겠다.


나의 평범한 삶에서

하나님이 함께하신

특별한 이야기를 발견할 수 있으면

좋겠다.

# 은퇴라는 옷

은퇴하게 되었다는 것은 이제 노인이 되었으니 집에 가서 쉬라는 말로 들립니다. 노인이 된다는 것은 어떤 것인가요? 옛날에는 노인이 된다는 것이 영예요, 존경의 대상이 되는 것을 의미하였습니다. 그러나 우리 시대에는 전혀 그렇지 않습니다. 샤론 커틴(Sharon R. Curtin)은 현대 사회에서 노인이 처한 신세를 다음과 같이 표현하였습니다.

> 우리는 인간쓰레기를 시인하는 사회에 살고 있다. 사춘기(adolescence) 다음은 바로 폐기물기(obsolescence)다. 노인들은 쓰레기 버리는 곳, 양로원, 은퇴한 사람들만 사는 곳, '마지막 휴양지'(Last Resort)로 갈 수밖에 없다.

이렇게 말하고 나니 여러분이 저를 측은하게 보는 것 같습니다. 그러나 그렇지 않습니다. 베르나르 올리비에는 세상을 즐기기에 좋은 시기는 딱 두 번 있다고 했습니다. 그게 언제일까요? 그는 직장 생활을 하기 전과 직장을 은퇴한 후라고 합니다. 그는 『떠나든 머물든』이란 책에서 이런 말로 이야기를 풀어갑니다.

> 은퇴! 다소 모호한 그 옷 안으로 내가 미끄러져 들어온 지도 이제 십 년이 되

었다. 은퇴란 멋진 것이다. 그것은 인생에서 완전한 자유를 갖게 되는 특혜 받은 순간이다.

그 분의 말을 따라 표현하자면 저도 곧 은퇴라는 옷 안으로 걸어 들어갈 것입니다. 저는 은퇴라는 옷을 입고 있는 동안 어떤 새로운 삶이 전개될지 궁금합니다. 저는 베르나르처럼 은퇴란 멋진 것이고, 완전한 자유를 갖게 되는 것이라고 말하고 싶지는 않습니다. 그러나 저에게 은퇴란 많은 가능성의 시작이라는 생각은 듭니다.

은퇴를 앞두게 되면 사람들은 여생을 어떻게 보낼지 생각하게 됩니다. 여생이 무엇입니까? 김열규 교수는 '여생이란 남은 생이 아니라 여유로운 생'이라고 풀이하였습니다. 저는 저의 여생이 여유로운 삶이 되기를 기대합니다. 여유로운 생이 무엇입니까? 가브리엘 마르셀(Gabriel Marcel)은 '여유'를 "모든 것에 준비되어 있는 상태를 일컫는 말, 자기한테만 사로잡혀 있거나 자기로만 뒤죽박죽된 상태의 반대말"이라고 했습니다. 가능하면 제 여생은 저 자신만을 위해 아등바등, 뒤죽박죽되지 않았으면 좋겠습니다. 하나님 앞에서 다른 사람을 생각하면서 조금이라도 세상을 더 좋게 할 수 있으면 좋겠습니다.

마지막 강의라!

마지막 강의에서 무슨 말을 해야 할지 많이 생각했습니다. 와타나베 쇼이치는 마지막 강의란 퇴직을 앞둔 교수가 그동안 연구한 과제와 결과를 재학생뿐만 아니라 졸업생과 동료, 후배 교수들 앞에서 발표하는 귀한 시간이라고 했습니다. 개인적으로는 학자로서 한평생 어떤 목표와 과제를 연구해 왔는지 보고하는 자리이자, 해당 분야에서는 그 학문의 미래에 대한 전망을 기대해 볼 수 있는 시간이이며, 학생들 입장에서는 은사와의 추억을 나눌 수 있는 의미 있는 시간이라고 합니다. 그러나 이 시간 학자로서 한평생 어떤 목표를 갖고 있었고, 어떤 과제를 연구해 왔는지 보고하고 전망한다는 것은 저나 여러분에게 너무 무겁게 느껴질 것 같습니다. 그래서 이 시간 저는 그냥 살아온 이야기를 들려드리면서 필요하면 제가 관심을 갖고 연구한 주제에 대해서 말씀드리려고 합니다.

# 평범한 삶

내가 나 된 것은 하나님의 은혜로 된 것이니 오직 나와 함께하신 하나님의 은혜로다.

고린도전서 15:10

원래 고린도전서 15장 10절에는 "내게 주신 그의 은혜가 헛되지 아니하여 내가 모든 사도보다 더 많이 수고하였으나 내가 한 것이 아니요"라는 구절이 들어 있습니다. 그런데 제가 다른 사람보다 더 많이 수고한 것이 없기 때문에 그 부분을 생략했습니다.

사실 저는 다른 사람보다 특별히 수고한 것이 없습니다. 저는 평범하게 살아 온 사람입니다. 그러나 저는 평범한 삶이 감사합니다. 우선 지금까지 살아온 저의 평범한 삶을 개관해 보여드리겠습니다.

해방된 지 2년 후에 태어난 저는 어린 시절 6.25 사변을 경험했습니다. 그 후의 삶은 그 시대를 살았던 사람들의 삶과 별반 다를 것이 없습니다. 집은 가난했고, 체격은 왜소했으며, 공부도 잘 하지 못했습니다. 그렇다고 다른 분야에 특기가 있었던 것도 아닙니다. 아주 평범한 소년이었습니다. 대학을 졸업한 후에 육군 포병으로

군 복무를 마쳤습니다. 그 후 신학대학원 과정 2학년 말 29살에 결혼하여 두 딸을 낳았는데, 지금 딸들은 결혼하여 자식을 낳았습니다. 그 결과 저와 아내는 별수없이 할아버지와 할머니가 되었습니다. 그러나 우리는 할아버지와 할머니가 된 것이 참 기쁩니다.

1981년 국내에서 박사 과정을 하고 있을 때 모교의 교수로 임용되어 30년 이상 대학생들과 함께 살아왔습니다. 강의를 특별히 잘한 것도 아니고 대단한 연구 업적을 이룬 것도 없습니다. 그냥 열심히 가르쳤고, 다른 교수들이 하듯이 부지런히 연구 논문을 썼고 저서와 역서를 내면서 기회가 주어지는 대로 이런 저런 보직을 맡기도 했습니다. 대학에서 가르치다 보니 학생들이 조금 나이가 들면 졸업하고 매년 젊은 학생들이 입학하여 교정을 활기차게 합니다. 평생 젊은이들과 함께 지낼 수 있었다는 것은 참으로 큰 혜택이고 행복이었습니다.

돌아보면 저는 사회적으로 공헌을 한 것도 없지만 물의를 일으킨 적도 없습니다. 주차 위반과 신호 위반으로 범칙금을 몇 번 받은 것 외에는 법을 어겨 문제된 일이 없습니다. 물론 지금도 종종 주차 위반을 하고 어떤 때는 과속도 합니다. 재미있는 TV 드라마를 보면서 웃기도 하고, 주말이면 가까운 산에 오르기도 합니다. 건강을 위하여 영양제를 먹고, 헬스장에 등록하여 주기적으로 걷기와 근육 운동도 합니다. 아이들 걱정도 하고 손주를 보면서 예기치 않은 활력을 얻기도 합니다. 이제 세부적으로 평범하게 살아온 저의 이야기를 하겠습니다.

# 사랑으로 크는 나무

하나님이 우리를 사랑하시는 사랑을 우리가 알고 믿었노니, 하나님은 사랑이
시라. 사랑 안에 거하는 자는 하나님 안에 거하고 하나님도 그의 안에 거하시
느니라.

요한일서 4:16

2008년 12월, 채플에서 저는 『사람은 무엇으로 사는가?』라는 톨
스토이의 동화를 바탕으로 설교를 했습니다. 그 동화의 어느 장면
에서 인간이 된 천사 미하일은 하나님이 내신 마지막 문제를 풀 수
있었습니다. 사람은 무엇으로 사는가? 라는 질문에 미하일이 발견
한 대답은 이것입니다.

인간은 하나님의 사랑과 보호를 받기 때문에 살아갑니다. 인간은 다른 사람의
사랑이 있음으로 살아갑니다. 하나님과 이웃의 따스한 사랑이 우리의 삶을 이
어가게 합니다. 자기밖에 모르는 사랑할 줄 모르는 사람은 죽음의 세계에 갇
혀있는 것입니다.

그 동화 내용을 소개하고 나서 저는 학생들에게 이렇게 말했습니
다.

이 이야기는 톨스토이가 지은 『사람은 무엇으로 사는가?』라는 동화입니다. 그러나 어린이를 위한 이야기일 뿐이라고 생각하지 않았으면 좋겠습니다. 그냥 동화로 생각한다면 저의 이야기를 들려드리겠습니다. 제 이야기를 통해서 사람은 무엇으로 사는지 발견했으면 좋겠습니다. 제 이야기를 해서 죄송하지만 여러분도 각자 지나온 삶을 돌아보고 그 가운데 함께하신 하나님의 사랑의 손길을 발견했으면 좋겠습니다. 그렇게 말한 다음 제 이야기를 학생들에게 들려주었습니다. 이런 내용입니다.

몇 년 전, 시를 배워보겠다고 평생교육원 시 창작반에 등록을 하고 2학기 정도 공부한 일이 있습니다. 그런데 지금은 그만 두었습니다. 시를 쓰기 위해서는 모든 생각과 마음을 시에 집중해야 하기 때문에 다른 일을 하기 힘들다고 느꼈기 때문입니다. 시를 배울 때는 자다가도 어떤 생각이 떠오르면 일어나 끄적거렸는데 나중에 보면 별 내용도 아니었습니다. 매주 한 편씩 시를 써 가야 하는데 난감할 때가 많았습니다.

그러던 어느 날 저를 낳아주신 어머니가 몇 살에 돌아가셨는지 궁금했습니다. 그래서 책상 서랍에 있는 호적등본을 꺼내 보았습니다. 확인해 보니 그 당시 30세, 지금 제 딸보다도 어린 나이에 네 살이 된 저를 두고 돌아가신 것입니다. 그래서 어머니를 생각하며 시를 써 보았습니다. 저는 지금도 엄마라는 말이 잘 나오지를 않습니다.

엄마

사진 한 조각, 추억 한 줌 안 남겨주었다
그리움 몰라 눈물도 안 흘렸다
그냥 송아지처럼 순한 눈망울로 하늘 보며 자랐다

심심하면 소 새끼 음메에- 엄마 찾는데
난 무릎이 깨져도 엄마를 부르지 않았다
아니, 수줍어 목울대에 걸린 엄마
울컥 삼켜 가만히 가슴에 담았다

기억의 끝 어린 나를 본다
배고파서 어잉 어잉 엄마
척척해서 어움 어움 엄마
젖 빨다 말고 좋아서 엄마 엄마
안 보이면 어엉 엄마

어느 덧 회갑인데 내 절반 나이 젊은 엄마 찾는다
딸 나이도 안 되는 어린 엄마 불러본다

이렇게 자랐어요 엄마
아내 만나서 잘 살고 있어요
손녀들 예쁘게 잘 컸어요
누나들이 힘들어 하네요 엄마
괜히 눈물이 나네요 엄마


저를 낳아주신 어머니는 제가 4살 때 돌아가셨습니다. 남편은
6.25 전쟁터에 나가셨는데 어린 삼남매를 두고 어머니가 어떻게 눈
을 감으셨을까 생각하면 가슴이 아려옵니다. 만약 미하일 천사가
왔다면 어머니는 그 산골 여인처럼 살려달라고 애원하셨을 것 같습

니다. 하여간 저와 어린 누이 두 명이 전쟁통에 남겨졌습니다. 불쌍한 저희를 이웃집 은자 어머니가 키워주셨습니다. 저를 업고 다니며 떡 장사를 해서 먹여 살렸다고 합니다. 세 아이만 남았다는 소식을 듣고 나중에 전쟁터에 계시던 아버지께서 찾아 오셨습니다. 그리고 제가 초등학교 들어가기 직전에 새어머니가 오셨습니다.

사람은 무엇으로 사는가? 그 이야기는 바로 저의 이야기였습니다. 전쟁으로 모두가 저 살기도 힘겨운 시절에 저를 안아 키운 것은 이웃집 여인의 가슴에 깃든 사랑이었습니다. 하나님의 사랑의 손길이었습니다. 지금은 제 아버님도, 은자 어머니도 돌아가셨습니다. 사람의 마음속에는 사랑이 있습니다. 사람에게는 자신의 미래를 장악할 힘이 주어져 있지 않습니다. 사람은 사랑으로 살아갑니다. 엄마, 아빠, 이웃 여인의 마음에 깃들어 있는 사랑, 하나님의 사랑으로 우리는 오늘도 살고 있습니다.

# 학생 목동

우리가 알거니와 하나님을 사랑하는 자 곧 그의 뜻대로 부르심을 입은 자들에게는 모든 것이 합력하여 선을 이루느니라.

로마서 8:28

새어머니는 나에게 잘 해 주셨지만 나는 어색해했고, 조금 무서웠습니다. 초등학교 선생님이셨던 아버지는 뒤늦게 신학을 공부하셨습니다. 전쟁 후의 삶은 어느 집이나 고달팠습니다. 나는 초등학교를 5군데나 다녔습니다. 덕은, 청파, 오류, 이태원, 서대문. 중학교는 서울에 있는 대광중학교를 다녔습니다. 그때 4.19와 5.16을 경험했습니다. 아버지께서 강원도 삼척과 황지에서 목회를 하셨기 때문에 친척집에서 지내는 등 불편한 생활을 했습니다.

고등학교는 당진상업고등학교를 다녔습니다. 작은 교회에서 목회하시는 아버지를 둔 덕분에 고등학교 시절 점심을 못 먹는 때가 많았습니다. 그렇지 않아도 작은 키가 더 자라지 못하게 된 것 같습니다. 영양실조를 염려한 아버지께서 젖 짜는 양을 키우셨습니다. 학교를 갈 때 양 두 마리를 몰고 풀을 뜯기며 갔습니다. 학교 근처에 도착하면 둑에 양을 매어놓고 교실에 들어갔습니다. 수업이 끝나면 또 양을 몰고 집으로 왔습니다. 지금 저는 제가 다윗처럼 목동 출신임을 강조하고 있는 것입니다. 어려운 일을 겪을 때마다 내게 힘이 된 말씀은 로마서 8장 28절입니다. 깊이 있는 이해가 아니라 그냥 하나님이 함께하시니 다 잘 될 것이라는 생각을 하면 힘이 났습니다.

저는 어렸을 때부터 목사가 되는 것을 당연하게 받아들였습니다. 가난과 시련을 보고 자랐으면서도 왜 목사가 되려고 했는지 지금도 잘 이해가 되지 않습니다. 하여간 아버지의 안내를 받아 신학대학에 가기 위한 예비 과정을 충실하게 가르치는 한남대학교 성문학과를 지원하게 되었습니다. 당시는 세례 교인만 선발하였습니다. 더구나 성문학과는 입학하려는 학생이 별로 없었습니다. 그래서 다행히 한남대학교에 입학할 수 있었습니다. 대학교에 들어가서 그래도 철이 들었는지 열심히 공부하였습니다. 당시 많은 학생들이 근로 장학생으로 일했는데, 저는 대학 전체 화단을 책임지고 채플 룸의 화분과 학장실 화분을 관리하였습니다.

공부는 처음에는 평범 이하로 했다가 나중에는 평범 이상으로 했습니다. 당시는 12월에 학위 수여식이 있었는데, 지도교수님이 자신이 번역하는 책의 한 챕터 100여 페이지를 번역해 달라고 부탁하셨습니다. 번역을 막 끝냈다고 생각했는데 영장이 나왔습니다.

당시 성문학과 동기로는 작년에 은퇴한 김조년 교수, 침신대 교수였던 최봉기 목사, 미국에서 목회하는 김영진 목사, 문홍국 목사,

시각장애인 김수영 선생, 고등학교 영어 선생님으로 정년퇴임한 조
연 선생, 우리 대학에서 일하다가 먼저 간 송경천 선생 등이 생각
납니다. 선배로는 장로회신학대학 총장을 지내신 서정운 목사님과
맹용길 목사님이 있습니다. 고 정성균 목사님(선교사)과 고 박정식
목사님(총회장)도 자랑스러운 성문학과 선배입니다. 영문과를 졸
업하고 신학교도 함께 다닌 친구 장영일 목사는 장신대 총장이 되
었고, 김형태 박사는 한남대학교 총장이 되었습니다. 국문학과 민
영대 교수는 이번에 함께 은퇴합니다.

# 신학생

그러므로 누구든지 이런 것에서 자기를 깨끗하게 하면 귀히 쓰는 그릇이 되어
거룩하고 주인의 쓰심에 합당하며 모든 선한 일에 준비함이 되리라.

디모데후서 2:21

강원도 인제군 서화면 천도리에 있는 포병부대에서 35개월간 군 복무를 했습니다. 제대한 후 곧바로 장로회 신학대학 입학시험에 응시하였습니다. 지금처럼 경쟁이 심하지 않았기 때문에 무난히 합격할 수 있었습니다. 매일 가정예배 때 성경을 읽었기 때문에 성경 시험도 합격하였습니다. 당시는 성경 시험에 떨어져도 어지간하면 조건부로 합격을 시켰습니다.

필기시험을 본 후에 면접이 있었습니다.

"왜 목사가 되려고 합니까?"

소명을 묻는 질문이었습니다. 저는 하나님의 부르심에 대한 특별한 체험이 없었습니다. 목사가 되는 것은 나에게 당연한 것이었습니다. 그래서 한남대학교 성문학과를 다니지 않았겠습니까? 교수님의 질문에 순간적으로 이렇게 대답하였습니다.

"글쎄요. 저희 집에서는 아침마다 가정예배를 드렸는데, 아버지

는 항상 '이 아들이 하나님이 귀히 쓰는 그릇이 되게 해 주십시오'
라고 기도하셨습니다. 그 기도를 들으며 저는 목사가 되어야 한다
고 생각했습니다. 하나님이 귀히 쓰는 그릇을 목사가 되는 것이라
고 생각했습니다. 하나님이 쓰는 귀한 그릇이 되기 위해서 신학교
에 왔습니다."

신학생이 된 우리는 채플 시간마다 '부름 받아 나선 이 몸'이란 찬
송을 불렀습니다.

1. 부름 받아 나선 이 몸 어디든지 가오리다.
   괴로우나 즐거우나 주만 따라 가오리니
   어느 누가 막으리까 죽음인들 막으리까
   어느 누가 막으리까 죽음인들 막으리까.

2. 아골 골짝 빈들에도 복음 들고 가오리다.
   소돔 같은 거리에도 사랑 안고 찾아 가서
   종의 몸에 지닌 것도 아낌없이 드리리다.
   종의 몸에 지닌 것도 아낌없이 드리리다.

3. 존귀영광 모든 권세 주님 홀로 받으소서.
   멸시천대 십자가는 제가 지고 가오리다.
   이름 없이 빛도 없이 감사하며 섬기리다.
   이름 없이 빛도 없이 감사하며 섬기리다, 아멘.

지금 생각하면 함부로 부르기 어려운 찬송인데, 그때는 그 가사
가 그렇게 무서운 내용인 줄도 모르고 힘차게 불렀습니다. 그러나

실제로 저는 당시 가사의 내용에 공감하면서 찬송을 불렀습니다.

신학교 공부는 재미있었습니다. 무엇보다 한남대학교에서 요구했던 수학, 물리, 생물, 체육 과목이 없어서 살 것 같았습니다. 공부하는 것이 재미있으니 성적도 좋게 나왔습니다. 신학생들은 이런저런 경로를 통해 교회를 소개 받아 교육전도사로서 교회학교 유초등부나 중고등부를 지도하는 것이 보통이었습니다. 그런 활동은 가난한 신학생들에게 재정적으로 큰 도움이 될 뿐 아니라 나중에 목회를 하는 데 많은 도움이 됩니다. 그렇게 제가 인연을 맺었던 교회는 신암교회, 상도교회, 인천제일교회 등입니다.

아버지를 따라 시골 교회를 전전해서 학생회 경험이 없는 저는 당시 신학교 선배인 하용조 전도사님이 정리해 놓은 교회 학생회 운영 안을 빌려다 베껴서 참고하면서 학생들을 지도하였습니다. 상도교회는 김지철 선배가 자기가 나오면서 소개하여 갔고, 인천제일교회는 김이태 교수님이 소개하여 가게 되었습니다.


신학교 다닐 때는 공부도 소홀히 하지 않았지만 예수 전도단이란 선교단체에 열심히 참여하였습니다. 방학 때는 단원들과 전도여행을 다녔습니다. 로스(오대원) 목사님 내외분의 열심과 소박한 모습이 보기 좋았고, 대원들의 순수한 주님 사랑이 좋았습니다. 로스 목사님의 메시지는 단순했습니다. 주님의 사랑, 성령 충만, 복음 전파를 강조하였습니다. 매주 화요일 집회에 열심히 참석하였습니다. 그 당시 활동하던 사람으로는 현요한 박사(장신대 교수) 임종표 목사 홍화옥 사모(케냐 선교사) 등이 기억납니다. 전도 여행을 마치고 집회를 하던 도중 주님의 사랑이 너무 고맙고 놀라워 한없이 눈물을 흘리며 찬송을 불렀습니다. 버스를 타고 가면서도 감동은 계속되었습니다. 세상이 달라 보이고 낯모르는 할머니까지도 사랑스러웠습니다. 그 감동이 지금껏 계속되는 것은 아니지만 신학생들은 깊은 신앙의 체험을 할 필요가 있습니다. 공부만 열심히 하고, 신학 이론에만 밝은 신학생은 바람직한 목사가 되지 못할 것 같습니다.

# 우리 동네 목사님

그러나 신학교 학년이 올라갈수록 목회에 대한 부담이 컸습니다. 아버지를 보면서 자란 나에게는 목회에 대한 불안감이 있었습니다. 아버지는 진실한 목사님이셨지만 목회를 잘하는 목사님은 아니었습니다. 항상 가난하고 어려운 교회에서 목회를 하셨습니다. 그 작은 교회에서도 그렇게 환영을 받은 것 같지는 않습니다. 아버지의 설교는 신학적이고 어려웠습니다. 가난한 청소년들을 모아 공민학교를 세워 비정규 중학과정을 가르치셨고, 신앙의 실천을 강조하셨습니다. 농촌교회 자립을 위한 프로그램에 관심을 갖고 계셨으며 현실보다 이상에 끌리셨습니다. 아버지가 조금만 더 현실적이셨으면 제가 배를 곯지는 않았을 것 같습니다. 어느 날 기형도 시인이 쓴 '우리 동네 목사님'이란 시를 읽다가 돌아가신 아버지가 생각났습니다.

읍내에서 그를 본 것은 이번이 처음이었다.
철공소 앞에서 자전거를 세우고 그는
양철 홈통을 반듯하게 펴는 대장장이의
망치질을 조용히 보고 있었다

자전거 짐틀 위에는 두껍고 딱딱해 보이는
성경책만한 송판들이 실려 있었다
교인들은 교회당 꽃밭을 마구 밟고 다녔다, 일주일 전에
목사님은 폐렴으로 둘째 아이를 잃었다, 장마통에
교인들은 반으로 줄었다, 더구나 그는
큰 소리로 기도하거나 손뼉을 치며
찬송하는 법도 없어
교인들은 주일마다 쑤근거렸다, 학생회 소년들과
목사관 뒤터에 푸성귀를 심다가
저녁 예배에 늦은 적도 있었다
성경이 아니라 생활에 밑줄을 그어야 한다는
그의 말은 집사들 사이에서
맹렬한 분노를 자아냈다, 폐렴으로 아이를 잃자
마을 전체가 은밀히 눈빛을 주고받으며
고개를 끄덕였다, 다음 주에 그는 우리 마을을 떠나야 한다
어두운 천막교회 천장에 늘어진 작은 전구처럼
하늘에는 어느덧 하나둘 맑은 별들이 켜지고
대장장이도 주섬주섬 공구를 챙겨들었다
한참 동안 무엇인가 생각하던 목사님은 그제서야
동네를 향해 천천히 페달을 밟았다, 저녁 공기 속에서
그의 친숙한 얼굴은 어딘지 조금 쓸쓸해 보였다

　

신학교를 졸업할 때 3년 동안 가장 공부를 잘했다는 학생에게 주는 총회장상과 가장 우수한 논문을 제출한 사람에게 주는 학장상을 받았습니다. 아내는 제가 그렇게 공부를 잘하는 줄 몰랐다고 합니다. 그러나 저는 실력 이상으로 시험을 잘 보는 능력이 있었던 것 같습니다. 글을 읽고 종합하고 분석하는 힘이 있어서 아는 것보다 더 아는 것처럼 표현할 수 있었기 때문에 좋은 성적을 얻은 것 같습니다.

졸업 후 신학교 조교로 일하면서 대학원 공부를 시작했습니다. 조직신학을 가르치신 김이태 교수를 존경하고 따랐던 관계로 조직신학을 전공했습니다.

# 그 여자네 집



신학교 2학년 말 겨울 방학이 끝날 무렵, 아버지 친구이신 장로
님의 중매로 그 여자를 만났습니다. 대전에 있는 그 여자네 집에서
처음 만남을 가졌습니다. 어른들께 인사를 드린 후 다른 방에서 그
여자와 이야기를 나누었습니다.

이런저런 이야기를 하다가 물었습니다.

"나는 목사가 될 사람인데 산골이고 어촌이고 어디든지 함께 갈
수 있겠습니까?"

그 여자는 얼마 전에 숟가락만 지니고 있었다는 어느 수녀의 청
빈한 삶에 대한 이야기를 읽었다면서 그렇게 하겠다고 대답하였습
니다.

다정하게 이야기하는 모습을 본 어른들이 이미 결혼을 결정해 놓
은 모양입니다. 그 여자가 다니는 교회 목사님이 예배를 드리자고
하여 참석하였는데, 목사님의 예배 인도는 완전히 약혼 예배였습니

다. 양가 부모님도 이의가 없었습니다. 첫 만남이 선을 보는 자리이자, 양가 상견례이고 약혼식이었습니다. 시내 성 사진관에서 약혼 사진을 찍었습니다.

만난 지 한 달도 안 되어 대전 염광교회에서 결혼식을 올렸습니다. 예수 전도단 로스 목사님이 참석하셔서 축하해 주셨습니다. 그분이 준 카드에는 "고운 것도 거짓되고 아름다운 것도 헛되나 오직 여호와를 경외하는 여자는 칭찬을 받을 것이라"는 잠언 31장 30절의 말씀이 기록되어 있었습니다. 다행히 잘 살고 있지만 그렇게 서로를 아는 시간도 갖지 않고 결혼하는 것은 위험천만한 일이라고 생각합니다.

아내는 초등학교 교사로 대전에서 근무하였고, 저는 서울에서 신학교를 다니며 주중에는 조교로 매일 출근해야 했고, 주말에는 교육 전도사로 바쁘게 살았습니다. 모처럼 공휴일이면 교회에서 체육대회 등 행사가 있어 대전에 내려갈 수가 없었습니다. 아내와 함께 지내겠다고 전도사가 중요한 행사를 빠질 수는 없는 노릇 아닙니까? 주말 부부도 못되고 월말 부부로 살았습니다. 첫째 딸을 낳던 날도 아내 옆에 있지 못했습니다. 결혼하고 나서 사랑하는 마음을 편지로 주고받으며 연애를 한 것 같습니다. 숟가락 하나만 있어도 된다던 아내는 아기를 낳고 생활인이 되었습니다. 집도 마련하고 저축도 해야 하는 것이 삶입니다. 아골 골짝 빈들에도, 시골, 산골 어디든지 가겠다는 다짐은 그렇게 쉽게 할 수 있는 일이 아님을 실감하고 있습니다.

　교육전도사로 일했던 인천제일교회는 곽선희 목사님이 사임을 하시고 담임목사님으로 김광훈 목사님이 오셨습니다. 주일 저녁 예배 때 그 교회 원로 목사님이신 이기혁 목사님이 설교하셨습니다. 설교 본문은 고린도후서 9장 8절 말씀이었습니다. 그 본문이 자신의 삶과 목회에 힘이 되었다고 간증하시면서 성도들에게 다음과 같이 권면하셨습니다.



　살아오면서 아버지의 기도와 그 분의 설교 말씀이 항상 기억납니다. 선한 일에 준비가 되어 있는가? 주님이 쓰시기에 귀한 그릇이 되도록 자신을 깨끗하게 하였나? 선한 일에 대한 열정, 선한 일을 확대하려는 의지가 있는가? 준비되어 있고 열정이 있으면 하나님은 어떤 사람과 어떤 방식을 통해서든지 그 일을 이루도록 은혜를 베푸신다고 생각합니다.

# 가르치며 설교하며

신학대학 대학원을 다니면서 미국으로 유학하는 길을 모색했습니다. 유학을 준비하는 동안 대전에 있는 유성장로교회의 전임 전도사로 일했습니다. 매일 심방을 하고, 주말과 주일에는 교회학교를 위해 분주하게 활동하였습니다. 목사 안수도 받았습니다. 처음으로 아내와 함께 지낼 수 있었습니다. 그러나 유학 준비를 위해서 시간이 필요했기 때문에 사임을 하고 서울에 있는 동숭교회에서 교육목사로 일했습니다. 신학교 교수님이 주선한 칼빈 주석 아모스서를 번역하고 틈틈이 영어 공부를 했습니다. 그러던 중 1980년 9월, 한국에서 처음으로 신학교에 박사과정이 개설되었습니다. 장신대, 감신대, 서울신대, 한신대가 공동으로 운영하는 박사학위 과정이었습니다. 시험 보는 실력은 있어서 첫 번째로 그 과정에 입학할 수 있었습니다.

1981년 3월 1일부로 한남대학교(숭전대학교) 교수로 임용되었습니다. 교목으로 일하면서 기독교 교양과목인 구약개론, 신약개론, 기독교개론을 가르쳤습니다. 학내 분규로 어수선한 가운데 전임강

사인 제가 교목실장 서리를 맡아 교목실을 책임지게 되었습니다. 다행히 다음 학기에 장신대에 계신 서정운 목사님이 교목실장으로 오셔서 무거운 짐을 내려놓게 되었습니다. 그 당시 채플 인도, 기독교 과목 강의, 합창단 지도 등 바쁜 일정에도 불구하고 매주 장신대, 한신대, 연세대 등을 다니며 박사과정 수업을 들었습니다. 학위 논문을 한국에서 쓸 수 없다며 미국에 가서 써 오라는 지도교수 이종성 박사의 권유로 1년간 미국 예일 대학교 신과대학에 머물며 논문을 작성하였습니다. 「영 그리스도론 연구」란 제목의 논문이 통과되어 1987년 8월에 신학박사 학위를 받았습니다.

1990년에 기독교학과가 생겨 교목인 동시에 기독교학과 교수로 일하게 되었습니다. 지도하고 가르칠 수 있는 전공 학생이 있어서 좋았습니다. 조직신학을 비롯해서 현대신학, 종교개혁사상 등을 가르쳤습니다. 그때부터 설교와 가르치는 일과 함께 연구에 힘쓰게 되었습니다.


저의 한남대학교 교수 생활에 대해서는 함께 지낸 분들이 아는 내용이기 때문에 자세히 이야기하지 않아도 될 것 같습니다. 다만 교목의 입장에서 말하자면, 교직원들과 학생들에게 미안한 마음이 많습니다. 기독교학과 학부, 대학원, 학제신학대학원 등 관여해야 할 일이 많다보니 교목으로서 해야 할 일, 기도, 성경공부, 영적 지도 등에 소홀했습니다. 교목은 학교 문제에 대해서 신뢰할 수 있는 의견을 제시해야 한다고 생각합니다. 그 의견이 틀릴 수 있지만 적

어도 교목은 영적으로 바로 서려고 노력하며, 하나님의 뜻을 찾고,
그의 견해가 틀릴 수 있지만 학교 문제에 바른 의견을 제시하려고
노력한다는 점에서는 신뢰를 얻어야 한다고 생각합니다.

# 연구 활동

몇 년 전에 학과 교수 근황을 써 달라는 학생회 임원들의 요청에 글을 보낸 적이 있습니다. 그 글 내용을 바탕으로 그동안 제가 연구한 주제와 학문적 관심사를 정리하면 다음과 같습니다. 다른 분도 비슷하겠지만 저는 연구년을 활용하여 집중적으로 공부했습니다.

첫 번째 연구년인 1986년은 예일 대학교 신과대학에서 있었는데, 「영 그리스도론 연구」란 제목의 박사 학위 논문을 쓰는 데 집중하였습니다.

두 번째 연구년인 1996년에는 콜럼비아 신학교에 머물면서 『기독교 생태 윤리』란 책을 번역한 다음, 포스트모더니즘과 최근의 신학이 어떤 관련이 있는지 관심을 가지고 공부하였습니다. 그 결과를 학술지에 발표하였는데, 그 논문들과 함께 다른 내용을 추가하여 『포스트모더니즘과 기독교 신학』이란 책을 펴냈습니다.

세 번째 연구년은 2003년 리치몬드 유니온 신학교에서 있었는데, 삼위일체론에 관심을 기울였습니다. 그 연구 결과를 정리한 것이 『신앙과 삶 속에서 삼위일체 하나님 보기』라는 책으로 출판되었습니다. 그 책에 담겨있는 내용은 계속해서 저의 신학적 관심사와 연결되어 있습니다.

네 번째 맞이한 연구년 기회는 정년이 얼마 안 남아서 한 학기만 쉴 수 있었습니다. 그래서 2010년 1학기를 연구학기로 집에서 지냈습니다. 평소에 목회와 신학의 관계에 대해서 관심을 갖고 있었기 때문에 그런 주제의 논문과 책을 보면서 저의 생각을 다듬었습니다. 그 결과를 모은 것이 작년 말에『설교와 신학, 함께 흐르는 깊고 푸른 강』이란 제목의 책으로 출판되었습니다.

지난 수년 동안 제가 관심을 갖게 된 신학의 주제는 다섯 가지입니다.

첫째, 신학적 미학입니다. 우연히 읽은 책에서 "기독교는 그동안 아름다움에 대해서 너무 무관심했다"는 글을 읽고 우리가 믿는 하나님과 아름다움에 대해 관심을 갖게 되었습니다. 우리를 아름답게 하기 위하여 그리스도 안에서 스스로 흉하게 되신 하나님, 인간을 아름답게 하시는 하나님의 아름다움에 대해서 정리하는 시간을 가졌습니다. 그래서 쓴 글이「춤추는 하나님」,「조나단 에드워즈의 아름다움에 대한 이해와 그 목회적 함의」,「그리스도교에 있어서 신의 아름다움과 세계의 아름다움-아우구스티누스를 중심으로」라는 논문입니다. 조나단 에드워즈에 대해서는 은퇴 후에도 계속 관심을 갖고 글을 써보려고 합니다.

둘째, 신학의 목회적 과제에 관심이 모아지고 있습니다. 특히 신학과 설교의 관계를 중심으로 생각을 모으고 있습니다. 현대신학이 지나치게 목회 현장과 관계없이 신학자들만 알아들을 수 있는 이론, 저들만의 이론으로 연구되는 것은 문제가 있다고 생각합니다. 그래서 나온 글이「신학과 설교」,「신학의 패러다임과 설교」,「폴 틸리히의 신학과 설교」,「칼 바르트의 신학과 설교」라는 논문입니다. 「칼뱅의 설교신학」,「월터 부르그만의 설교신학」이란 논문도 썼습니다. 그런 논문들을 중심으로 묶은 것이 지난 해 말에『설교와 신학, 함께 흐르는 깊고 푸른 강』이란 책으로 출판되었습니다. 대학원에서는 목회신학, 설교와 신학 등의 과목을 의도적으로 개설하여 수업을 진행하였습니다.

셋째, 동방정교회 신학, 특히 지지울라스의 '사귐의 인격 존재론'에 흥미를 느끼고 있습니다. 그 결과로「계시론적 삼위일체론과 존재론적 삼위일체론-바르트와 지지울라스를 중심으로」라는 논문을 발표하였습니다. 그리고「동방정교회 신학의 생태학적 관련성」,「동방정교회 신화론(神化論)의 개신교 수용 가능성 연구」라는 제목의 논문도 준비하여 발표하였습니다. 얼마 전부터 개신교회의 구원에 대한 이해가 칭의론을 중심으로 너무 좁게 이해되는 것을 동방정교회 신학의 통찰을 통해 넓혀보려는 의도를 갖고 신학을 하고 있습니다. 동방정교회 삼위일체론의 통찰에 유의하면서 하나님과 인간, 세상의 관계성에 대해 관심을 갖고 있습니다.

넷째, 언어의 힘과 중요성에 대해서 관심이 많습니다. 유진 피터슨, C. S. 루이스, 월터 브루그만, 톰 라이트의 글에서 영향을 받았습니다. 그래서 이런 기도를 하게 되었습니다.

"주여! 언어의 힘과 아름다움을 경험하게 하시고 잘 나타낼 수 있게 하소서."

그런 관심이 「설교자와 언어」, 「시와 설교」라는 논문으로 나타났습니다. 앞으로 시와 소설을 많이 읽으려고 합니다. 목회자들과 언어의 힘과 중요성을 공부하는 시간을 가지려고 합니다.

다섯째, 성례전적 세계 이해의 중요성에 관심이 많습니다. 기독교는 별, 패랭이꽃, 참새, 악어를 만드신 하나님을 믿습니다. 기독교는 예수 그리스도 안에서 하나님이 인간이 되시고, 물질이 되신 것을 믿습니다. 그런데 정작 그리스도인들은 물질, 자연, 육체에서 하나님을 배제하는 경향이 있습니다. 우리는 물질과 자연을 섬기지는 않지만 물질, 자연, 육체가 되신 하나님을 섬기고 그 하나님을 통해 자연을 새로운 눈으로 봅니다. 앞으로 이런 주제에 대해서 평신도와 목회자들이 쉽게 이해할 수 있는 글을 쓰려고 합니다.

# 아쉬움과 바람

사람은 준비된 만큼 쓰임을 받습니다. 그런데 저는 인격, 어학, 대인관계, 통찰력 등 여러 면에서 미숙하고 부족한 것이 많습니다. 지난 세월을 돌아보면 다음과 같은 것이 아쉬움으로 남습니다.

메모를 잘하지 않았습니다. 메모하는 습관을 몸에 익혔으면 기억에서 날아간 많은 좋은 생각과 지식을 활용할 수 있었을 것입니다. 시간을 잘 활용하는 지혜가 없었습니다. 그것은 어떤 좋은 일에 열정을 가지고 몰두하지 않았다는 뜻이기도 합니다. 나의 생각과 말과 글을 영어로 표현하는 능력이 부족해서 불편했습니다. 성경 원어 공부를 제대로 했으면 성경 말씀을 좀 더 깊이 이해하고 가르칠 수 있었을 것이라는 아쉬움을 갖고 있습니다.

가장 큰 아쉬움은 위대함을 향한 열정과 사랑이 없었다는 점입니다. 완덕에 이르는 길은 완덕을 원하는 것에서 시작된다는 말이 있습니다. 그러나 저는 더 큰 성취에 대한 열망이 없었습니다. 그래서 이런 모습으로 살고 있습니다. 이 모습도 나쁜 것은 아니지만 아쉬움이 남는 것도 사실입니다.

은퇴를 하면서 이런 바람을 갖고 있습니다.

1. 모든 면에서 조금씩이라도 좋게 변하는 사람이 되었으면 좋겠습니다. 배우는 즐거움을 유지하고 배움을 통해 꾸준히 발전했으면 좋겠습니다. 어떤 사람은 10년 전이나 지금이나 항상 말하는 주제가 같고, 그 전에 가졌던 주장과 관점에 변화가 없습니다. 인격과 신앙에 성장이 보이지 않습니다. 그런 사람이 되지 않았으면 좋겠습니다. 고든 맥도널드는 『내면세계의 질서와 영적 성장』이란 책에서 오스왈드 챔버스의 다음과 같은 일기 내용을 소개합니다.

내 마음속에는 하나의 큰 두려움이 있었는데, 하나님은 그것을 사용하여 나로 하여금 기도하게 만드셨다. 수년 전 나는 한 남자, 곧 하나님의 위대한 사람을 알았었다. 이제 10년이 흘러 다시 그를 만났는데 수다스럽고 기운 빠지게 하는(얄팍하고 피상적인) 사람으로 변해 있었다. 40세가 넘으면 그렇게 되는 이가 얼마나 많은지 모르겠다!

그 일기를 소개하면서 맥도널드는 이렇게 말합니다.

"나는 10년 전에 만났던 사람을 다시 만나 하나도 변하지 않은 모습, 온화해지지도 않고 더 활기 있게 변한 것도 아니고 노련해지지도 않은 채 그저 뻣뻣하게 굳어 있는 모습은 정말로 보고 싶지 않다."

맥도널드는 닳아빠지고 유들유들해졌는데 정작 지적 성장은 전혀 이루어지지 않은 사람을 책에 비유하여 다음과 같이 표현하였습니다.

"그 사람은 표지는 너덜너덜해질 정도로 오래 됐는데 속 내용은 한 번도 읽지 않은 채로 그대로 있는 책과 같다."

10년 후에 저와 여러분이 만났을 때 우리 모두 속이 제대로 계발되지 않아 삶에서 아무런 향기도 맡을 수 없는 그런 사람이 되지 않았으면 좋겠습니다. 바르트는 나이가 들수록 더 유머러스하고 부드럽고 겸손해졌다고 합니다. 저는 여러분과 제가 주님과 동행하면서 주님께 배움으로 세월이 갈수록 더 부드럽고 관대해지고 지적으로 깊어졌으면 좋겠습니다.

2. 누군가에게 무언가 도움이 되는 사람이 되었으면 좋겠습니다.
베르나르 올리비에는 『떠나든, 머물든』이란 책에서 이렇게 말했습니다.
"내가 진심으로 바라는 바는, 우리 어른들이 세상의 변화에 분명한 몫을 담당하고, 우리가 쓸 수 있는 남은 모든 시간 동안 세상에 어떤 아름다움을 부여하도록 애쓰는 거다."
그것은 구체적으로 누군가에게 도움이 되는 사람이 되는 것일 겁니다. 그렇다면 "나는 누구를 어떻게 도울까? 어떻게 실행에 옮길 것인가? 누구와 더불어?" 저도 그런 질문을 하면서 살려고 합니다.

3. 건강하고 활기차게 살았으면 좋겠습니다.
은퇴 후에 소파에 기대어 TV를 보면서 지내지 않으려고 합니다. 베르나르 올리비에의 말에 공감합니다.

"도시 생활은 우리를 앉은뱅이로 만들어버렸다. 이제 앉은 자세가 가장 보편적이고 일상적이다. 사무실의 등받이 의자, 대중교통의 좌석, 거실에서 TV를 보는 소파 그리고 침대, 이제 엉덩이가 발바닥 이상으로 우리를 지탱해 준다."

저의 은퇴 후 생활이 소파에 누워 빈둥거리므로 저를 지탱해 주는 것이 엉덩이와 등이 되지 않아야 하겠다고 다짐합니다. 가능하면 많이 걷고 활기차게 살고 싶습니다.

식당에서 다른 교직원들과 식사를 하게 되면 정년을 앞둔 심경이나 계획을 물어보는 분들이 있습니다.

"은퇴한 다음에 무엇을 할 계획이세요?"

그러면 저는 그냥 빙긋이 웃기도 하고, 뭐 특별한 것이 있겠느냐고 심드렁하게 대답했습니다. 어떤 때는 "책도 읽고, TV도 보고, 이따금 아내를 도와 집안일도 하고 이럭저럭 살겠지요"라고 말할 때도 있었습니다. 그런데 어느 날 오후에 조교들의 질문에는 저도 모르게 제법 구체적으로 진전된 대답을 했습니다.

작년에 강의를 마친 후 잠시 사무실에 들러 커피를 마시는데, 조교들이 물었습니다.

"교수님은 은퇴하신 다음에 무엇을 하실 계획이세요?"

그래서 주절주절 이야기했습니다.

"음, 우선 간단한 음식을 할 수 있도록 요리를 배울 거야. 그리고 사진 촬영을 배웠으면 해. 그리고 세 번째가 중요한데, 은퇴하면 쉽지만 알맹이가 있는 좋은 책을 내고 싶어. 그동안 수십 년간 신학을 했으니 내가 아는 내용을 바탕으로 평신도와 목회자에게 도움이 되는 책을 써야 할 것 같아. 그리고 가능하면 목회자들과 독서 모임을 가져보고 싶어. 그 모임을 통해서 설교자들이 목회와 설교에 도움을 받았으면 좋겠어. 그리고 아내와 유유자적 여행을 다니며 지냈으면 해."

조교들이 조잘조잘 나의 대답에 반응하였습니다.

"왜 요리를 배우려고 하세요?"

"음, 은퇴한 다음에 '삼식새끼'라는 험한 말은 듣지 않아야 하지 않겠어? 그동안은 아내가 어쩌다 한 끼를 해결해 달라고 하면, 금식으로 하자고 넘어갔는데, 계속 그렇게 넘어갈 수는 없으니 말이야."

"사진은 왜 배우려고 하세요?"

"뭐 전문가가 되려는 것은 아니고 나중에 책을 낼 때 적당한 자리에 내가 찍은 사진을 배치하여 읽는 사람에게 편한 느낌을 주고, 사진을 보면서 생각하는 기회를 줄 수 있으면 좋겠어."

"교수님, 세 번째는 꼭 하세요. 다른 것은 몰라도 세 번째 일은 꼭 하시면 좋겠어요."

"사실, 그렇게 하고 싶은데, 은퇴한 다음에 이 나이에 뭔 책을 쓴다고 나서나 하는 생각이 들까 봐 걱정이다."

"목사님, 우리 엄마 아빠도 함께 여행을 다니시니까 더 활기차고 건강이 좋아지시는 것 같아요."

"그래, 쉬엄쉬엄 이곳저곳을 다니며 지냈으면 좋겠어. 무릎과 발이 아프지 않아야 하는데……."


그러고 나서 사족을 붙이기를, 이렇게라도 이야기를 흘려 놓아야 실천할 것 같아 너희들에게 이야기하는 거라고 했습니다. 사실 혼자 마음속으로 생각하고 있으면 나중에 환경이 바뀌면 포기할지 몰라 공개적으로 내 생각을 이야기한 것입니다.


저는 평범하게 살아왔습니다. 저에게는 특별한 것이 별로 없습니다. 그러나 저는 특별한 존재라고 생각합니다. 제가 잘나서가 아니라 모든 사람이 특별하다는 의미에서, 모든 인간은 특별한 존재라는 점에서 저 역시 특별하다고 생각합니다.

그리고 저는 또 다른 의미에서 저의 은퇴 후 삶이 특별한 것이 되기를 바랍니다. 저는 학과 사무실에서 조교들에게 공언한 것을 가능하면 실천하면서 저의 삶이 특별한 이야기가 되게 하고 싶습니다. 물론 살다보면 실천하지 못한 것도 있을 것입니다. 예상하지 않은 일도 하게 되고 어리석은 일도 하게 될 것입니다. 그러나 앞으로 저는 은퇴 전에 조교들에게 한 말을 의식하면서 살 것입니다. 그리고 내가 은퇴 전에 구상한 것을 어느 정도 이루었고, 어떤 점에서 빗나갔는지 확인하고 싶습니다.

저의 삶은 지금까지도 그래왔지만 앞으로도 하나님의 구원 이야기에 합류한 이야기라는 점에서 특별한 이야기입니다. 제가 생각하기에 그리스도인이 된다는 것은 자신의 삶이 하나님의 구원 이야기 안에서 전개되는 사람이 되는 것을 의미합니다. 그런 의미에서 제 삶의 이야기는 저 자신이 살아온 이야기이지만 동시에 하나님의 이야기이기도 합니다. 그래서 저는 이렇게 생각합니다.

'나의 은퇴 후 삶이 그 자체로서는 보잘것없지만 하나님의 구원 이야기를 담고 있다는 점에서 저의 삶은 하나님의 은혜를 증언하는 특별한 이야기가 될 수 있다.'

그런 의미에서 저의 삶은 특별한 삶입니다. 하나님의 구원 이야기 속에 들어가면 저같이 평범한 사람의 이야기도 하나님 안에서 더 좋은 이야기가 될 수 있다고 믿습니다.

물론 성경이 들려주는 하나님의 구원 이야기가 그렇듯이 앞으로 저의 삶에는 좋은 이야기도 있지만 실수한 이야기, 부끄러운 이야기도 담길 것입니다. 그래도 언젠가 주님 앞에 가게 될 때 하나님은 그동안 잘 살았다고 미소를 띠며 나를 맞이해 주실 것입니다. 사람들이 이문균이라는 한 사람의 평범한 이야기에서 하나님을 보게 되고, 하나님의 좋은 이야기를 듣게 되고, 하나님이 함께하신 하나님의 구원 이야기, 처음보다 더 좋게 된 이야기를 발견하고 감사할 수 있으면 참 기쁘겠습니다. 여러분! 감사합니다. 고맙습니다.

어떻게 살아야 우리 인생 이야기가 훌륭한 작품이 될 수 있을까요? 댄 알렌더는 『나를 찾아가는 이야기』에서 자기 인생이 좋은 이야기가 되려면 자기 삶의 저자가 누구인지 알아야 한다고 합니다. 그는 또 말하기를 우리의 인생이 좋은 작품이 되려면 우리가 써내려가는 이야기가 하나님의 존재와 인격을 잘 드러내야 한다고 합니다.

언제부터인지 확실하지는 않지만 저는 제 삶의 저자가 누구인지 인식하면서 살아왔습니다. 그래서 제 인생은 저 혼자 쓰는 이야기가 아니라 하나님과 함께 써나가는 이야기라고 생각했습니다. 그런 생각을 담아내려고 이 책을 썼습니다. 저의 생각과 일상의 소소한 이야기를 읽으면서 독자들도 자신의 삶이 하나님과 함께 써가는 이야기라는 사실을 깨닫기를 원합니다. 저의 이야기를 써 놓고 보니 제 인생도 꽤 괜찮아 보였습니다. 그만하면 잘 살아온 인생이 아닌가라는 건방진 생각도 했습니다.

그러나 제 삶의 이야기를 들은 댄 알렌더는 저의 이야기가 썩 좋은 이야기는 아니라고 합니다. 그 분이 저를 아냐고요? 아닙니다. 그 분은 저를 전혀 모릅니다. 제가 그렇게 말한 것은 그가 쓴 책을 읽으면서 제 삶의 문제점을 발견했기 때문입니다. 그는 무엇이 인생을 좋은 결말이 되게 하는지 저에게 일깨워 주었습니다.

그는 이렇게 말합니다.

가족을 돌보며 정직한 삶을 꾸려나가는 것으로는 충분하지 않다. 편안하고 상쾌하게 인생을 보내는 것이 결코 좋은 결말은 아니다. 그렇다고 모험과 시련이 가득한 인생이라고 좋은 인생이 되는 것도 아니다. 어떤 사람이 대단한 모험을 뚫고 살아남았다 할지라도 자기 자신만을 위해서 살아왔다면 그의 이야기는 탐닉만큼이나 무미건조한 인생이기 때문이다.

그동안 저는 제 삶에 대해서 어느 정도 자신을 가졌습니다. 왜냐하면 저는 하나님의 존재와 뜻을 의식하면서 살았기 때문입니다. 제 인생이 하나님을 보여주는 이야기가 되기를 바라며 살아왔기 때문입니다. 그러나 다시 생각해 보니 저의 인생 이야기는 평범하고 무난한 작품이라고 하는 게 맞을 것 같습니다. 제 이야기를 읽으신 분은 느끼셨겠지만 저의 인생은 약간의 기복은 있었지만 비교적 평온하고 잔잔하게 흘러왔습니다. 사람들은 저의 이야기를 읽으면서 따스함과 평온함을 느꼈을 것입니다. 어떤 분은 제 이야기를 들으면서 슬쩍 미소를 짓기도 했을 것입니다. 저는 그런 저의 삶을 감사하는 마음으로 즐겼습니다.

그러나 댄 알렌더의 평가에 따르자면, 저의 인생은 훌륭한 이야

기가 아닙니다. 왜냐하면 제 이야기에는 좋은 결말이 되는 데 필수
요소인 열정, 희생, 피 흘림이 결여되어 있기 때문입니다. 저는 헌
신, 고난, 희생을 받아들이는 성자가 되기를 싫어하는 목사답지 않
은 목사이기 때문입니다. 이것이 지금까지 제가 쓴 인생 이야기에
나타난 저의 모습입니다.

지금까지는 그랬습니다. 그러면 저의 남은 이야기는 훌륭한 결말
을 보여주게 될까요? 그래서 저의 인생 이야기가 찬란한 베스트셀
러가 될 수 있을까요? 솔직히 말하면 어려울 것 같습니다. 그렇다
고 제 인생이 훌륭한 이야기가 안 될 거라고 미리 단정하고 싶지는
않습니다. 여러분도 마찬가지겠지만 저 역시 저의 인생이 하나님의
존재와 인격을 잘 드러내는 찬란한 작품이 되기를 바라고 있기 때
문입니다. 하나님이 힘을 주시면 될 수 있다고 믿고 싶기 때문입니
다.


내가 믿나이다. 나의 믿음 없는 것을 도와주소서. 아멘

마가복음 9:24